Vive la vie... EN FAMILLE

VOLUME 5

C'est pas moi, c'est lui, c'est lui!

Les relations fraternelles
et les défis particuliers
aux enfants uniques

D1223953

Les Éditions
LA PRESSE

Remerciements

La première personne que je tiens à remercier, c'est Sébastien, mon conjoint. Il me soutient durant mes nombreuses heures de travail. Il pourrait presque devenir lui-même psychologue à force de lire tout ce que j'écris et de m'entendre tous les jours parler de ma passion pour mon métier. Il ne cesse jamais de m'encourager et de me motiver dans mes moments de fatigue. Si je peux travailler autant à aider les parents, c'est grâce à lui!

Ma belle-fille Laurence, petit rayon de soleil que j'adore, me donne le goût d'être mère et m'apporte, bien au-delà de la théorie, une idée plus concrète des implications d'être parent ou beau-parent aujour-d'hui. Elle est la meilleure d'entre tous pour me convaincre de mettre le travail de côté un moment pour retrouver le plaisir de jouer!

Mon père est probablement la personne la plus fière de moi. Étant enseignant, il m'a transmis le goût de vulgariser et d'expliquer les choses de façon claire, simple et accessible. Il m'a également transmis sa façon imagée d'expliquer des choses parfois bien compliquées. Si je peux faire ce travail aujourd'hui, c'est parce qu'il m'a encouragée tout au long du parcours qui mène à la profession de psychologue.

Mes beaux-parents m'encouragent beaucoup et m'ont même aidée à trouver un titre pour cette collection!

Mes amis de longue date, qui se reconnaîtront, croient en moi, et m'ont toujours laissé travailler un peu plus que la moyenne sans rouspéter contre mes manques de disponibilité. Eux aussi parviennent presque aussi bien que Laurence à m'intéresser à d'autres sujets que la psycho...

Dominique, mon associée et agente qui me guide si bien dans ma nouvelle carrière de communicatrice et qui ne pouvait pas arriver plus à point dans ma vie!

Martin et Martine, les éditeurs qui ont cru en ce projet, m'ont guidée dans ce nouveau rôle d'auteure. Ils m'ont fait confiance et m'ont donné confiance…

Monsieur André Provencher m'a attentivement écoutée lorsque je lui décrivais avec enthousiasme mon projet de collection et m'a ouvert toutes grandes les portes des Éditions La Presse.

Mes professeurs et mes mentors, qui ont participé à ma formation en psychologie et m'ont aidée à devenir la psychologue que je suis maintenant : Claude, Raymond, Debbie, monsieur Guirguis, Françoys… il y a un peu de chacun d'eux dans tous les conseils que je vous donne à vous, les parents!

Enfin, les gens clés autour de l'émission *D^re Nadia, psychologue à domicile* – Jean-Carl, Pierre-Louis, Jano, Micheline, Monique, Nadine, Sylvio, Anouck, Caroline, Pierre, Jonathan, Martin, Guy, Jean-Jacques, Édouard, Paul, Nathalie, Véronique, Line et Line – qui m'ont tous appris un second métier, la communication. Ils ont su m'aider à surmonter mon manque d'expérience, mes incertitudes et mes doutes en me donnant confiance en moi. Faire cette émission m'a procuré un sentiment de crédibilité sans lequel je ne suis pas certaine que j'aurais osé m'embarquer dans cette grande aventure que représente la collection *Vive la vie… en famille*.

À tout ce beau monde… un grand *merci!*

Avant-propos

Faire l'amour et avoir un enfant, ce peut être très facile... C'est éduquer l'enfant tout en l'aimant de façon inconditionnelle qui représente un véritable défi. Pour certains, l'aventure ne comporte pas trop d'obstacles, pour d'autres, c'est une suite de moments positifs et de moments de crises... Même pour ceux qui ne rencontrent pas trop d'embûches, être parent aujourd'hui n'est pas facile. Ça donne parfois le vertige en plus de soulever quelques doutes sur soir et sur sa façon d'être.

Le contexte de la vie familiale a beaucoup changé, les deux parents travaillent, les enfants vont à la garderie, les parents se séparent et les familles se reconstituent. L'évolution technologique génère une certaine anxiété de performance chez plusieurs d'entre nous, car nous devons tout faire plus vite. Elle soulève également des dilemmes et des questionnements par rapport à l'éducation de nos enfants : Internet, téléphone cellulaire, jeux vidéo...

Cette collection ne se veut pas un mode d'emploi de la réussite familiale... Cela ne pourra jamais exister, car tous les enfants et tous les parents sont différents. Cet outil n'a pas pour but de donner des réponses toutes faites, mais plutôt de fournir des pistes de réflexion et de vous donner une meilleure confiance en votre jugement de parent. Évidemment, les connaissances scientifiques en psychologie comportementale y seront mises à profit, car certaines techniques sont, selon moi, vraiment très efficaces! Mais, il y a toujours des exceptions à la règle... des familles pour qui les stratégies proposées ne fonctionneront pas à 100 %. Pour ces gens, des pistes de questionnement, de réflexion et des ressources supplémentaires seront proposées afin de répondre à leurs besoins particuliers.

Malgré toutes les années que j'ai passées à étudier la psychologie, je crois toujours que chaque parent est l'expert de SON enfant. Les psychologues, eux, connaissent bien les enfants en général, ce que la documentation scientifique nous apprend sur le développement de l'enfant et sur les différents troubles psychologiques qui peuvent affecter certains d'entre eux... mais chaque enfant est unique! La preuve, c'est qu'après plusieurs années à pratiquer la psychologie auprès d'une clientèle d'enfants et d'adolescents, ils m'étonnent toujours et je n'ai pas encore de sentiment de routine. Quand les psychologues tendent la main aux parents et que ces derniers sont ouverts et motivés à recevoir des informations sur le développement de l'enfant, c'est à ce moment que les petits miracles sont possibles!

Pourquoi une collection? Parce que rares sont les parents d'aujourd'hui qui ont le temps de lire une bible de 900 pages sur l'éducation des enfants. Mon but est de permettre à chaque parent d'aller chercher les outils qui le concernent le plus. Et puis, je me dois d'être honnête, cette formule me permet également de prendre le temps nécessaire pour me pencher sur chaque sujet en me demandant quelles informations aideraient VRAIMENT les parents!

Ma personnalité et la façon dont j'aborde naturellement les problèmes de la vie font en sorte que les livres de cette collection sont écrits sur un ton légèrement humoristique. Cette attitude permet de dédramatiser la détresse que peuvent vivre certains parents, sans pour autant la banaliser, puisque si je mets un tel effort à tenter d'aider les parents, c'est bien parce que je les prends au sérieux… De plus, le rire est un bon remède. Il permet de prendre un recul par rapport à notre situation et même parfois de mieux voir les solutions possibles. Il faut accepter que tout le monde fait des erreurs, y compris soi-même, et en rire, ça veut dire les reconnaître, les accepter et être prêt à se retrousser les manches pour les réparer.

Bonne lecture et surtout, aimez vos enfants!

Dre Nadia Gagnier,
Psychologue

:: Table des matières

CHAPITRE 1

C'est pas moi, c'est lui!

Vous êtes-vous déjà demandé combien vous voulez d'enfants? Aucun? Un seul? Peut-être faites-vous partie des courageux qui en veulent deux ou plus? Lorsque vous réfléchissez à cette question, à quoi songez-vous? À vos moyens financiers, à votre disponibilité ou encore à vos propres expériences de l'enfance avec vos frères et sœurs ou en tant qu'enfant unique?

Avoir plusieurs enfants ou pas?

Peut-être avez-vous déjà un ou des enfants? Si vous en avez un seul, j'imagine que votre famille et vos amis vous ont déjà mis en garde contre les conséquences pour un jeune d'être enfant unique, dont celle d'être trop gâté... Si vous en avez deux, les gens autour de vous doivent vous féliciter d'avoir minimalement garanti le remplacement de votre couple sur terre. Si vous en avez plus de deux, j'imagine que les gens vous voient comme un héros ou encore ils se disent intérieurement que vous êtes complètement fou!!!

Prenons l'exemple d'Isabelle et Marc-André... Ils sont présentement parfaitement heureux avec Alexia, leur petit ange de 1 an. Ils commencent à se demander s'ils en veulent un deuxième...

Isabelle, qui a encore aujourd'hui une relation infernale avec sa sœur cadette, se demande comment se développerait la relation d'Alexia avec un éventuel nouveau-né dans la famille. Loin de vouloir se fier uniquement à sa propre enfance, elle songe également à Marc-André, qui de son côté, considère son grand frère comme son meilleur ami. Tellement, qu'elle n'arrive plus à calculer le nombre de fois où elle s'est retrouvée seule à cause de leurs nombreuses sorties « entre gars »! Enfin, elle songe à sa meilleure amie d'enfance qui était enfant unique et qui se plaignait constamment de s'ennuyer et d'être malheureuse de son sort. Ce qui la ramène à son propre désir qu'elle a toujours ressenti : ne jamais avoir eu de sœur!

Isabelle songe également à sa carrière qu'elle ne veut pas mettre de côté et aux conséquences sur sa vie d'un deuxième congé de maternité… particulièrement les conséquences financières! Elle pense également au sentiment de culpabilité qu'elle ressent parfois lorsqu'elle a l'impression d'être trop fatiguée ou pas assez présente pour sa fille. Est-ce que ce sentiment sera doublé lors de l'arrivée d'un deuxième enfant?

De son côté, Marc-André songe surtout à l'inconvénient de recommencer les changements de couches avec un deuxième bébé… surtout que l'arrivée du prochain bébé coïnciderait probablement avec le moment où Alexia deviendrait propre. Il aime son rôle de « papa qui s'implique », mais disons que le changement de couches et le nettoyage de « foufounes » n'est pas sa tâche préférée! Et s'ils attendent, ce sera encore pire! Cette fois, la différence d'âge sera trop grande entre les enfants pour qu'ils puissent jouer ensemble, partager des intérêts et ainsi développer une relation fraternelle significative et positive… Il pense également aux réactions possibles d'Alexia à la naissance du bébé, aux conflits inévitables entre les enfants, à l'achat d'une mini-fourgonnette avec – très important – lecteurs DVD individuels, qui selon Jacques, le collègue de Marc-André, est l'un des meilleurs outils de prévention de conflits en voyage qu'il ait connu dans sa jeune carrière de père.

Pour le bien d'Alexia, les deux parents pensent également aux impacts positifs et négatifs du fait d'être un enfant unique. Entre autres, ils songent à l'ennui que leur petite pourrait ressentir par moments, au fait qu'un frère ou une sœur pourrait représenter un soutien plus tard dans la vie, à la lourdeur du fardeau d'avoir des parents vieillissants lorsqu'on n'a ni frère ni sœur pour partager la tâche de les soutenir. Par contre, ils n'oublient pas les conflits et la rivalité qui existent souvent entre frères et sœurs, à l'énergie que la résolution de ces conflits demande aux parents…

Finalement, en pensant à leurs amis qui ont plus d'un enfant et qui ne s'en sortent pas si mal… ils décident de plonger et de tenter de concevoir un deuxième enfant. Pour le moment, ils sont heureux de leur décision, puisque l'étape de la conception est plutôt… agréable!

De nombreux couples, comme Isabelle et Marc-André, se demandent s'ils devraient avoir un, deux, plusieurs… ou aucun enfant. Le couple de notre petite histoire fait preuve d'un peu de zèle en tentant d'anticiper tous les scénarios possibles : l'impact d'être enfant unique, d'avoir un frère ou une sœur, du rang occupé dans la famille, de l'écart d'âge entre les membres de la fratrie ou de leur capacité à gérer les éventuels conflits de leurs enfants. Il est possible que leurs propres souvenirs d'enfance les amènent à réfléchir à ce qu'ils feront « subir » à leur ou leurs enfants! De nombreux couples se posent les mêmes questions, mais parfois ce sont des facteurs plus pragmatiques qui déterminent le nombre d'enfants qu'un couple aura, par exemple :

- la planification des naissances et l'utilisation de la contraception;
- l'âge du couple au moment où ils décident d'avoir un premier enfant;
- la fertilité du couple;
- l'importance accordée à la carrière de chacun des membres du couple;
- les ressources financières;
- les ressources « humaines » autour d'eux (ex. : présence de grands-parents pouvant accorder un répit);
- la qualité de la relation de couple (avant et après la naissance du premier enfant);
- la santé et le tempérament du premier enfant;
- le sentiment de compétence parentale de la mère et du père après avoir eu un premier enfant, etc.

Après avoir eu un premier enfant, il arrive que le couple change d'idée quant au nombre d'enfants qu'il désire avoir. S'il décide d'en avoir un deuxième, à ce moment se posera la question de l'impact des relations frères-sœurs et des conflits entre eux… Pas surprenant que ces questions surgissent! Depuis la nuit des temps, des récits bibliques en passant par les romans de la comtesse de Ségur jusqu'aux péripéties de Bart et Lisa Simpson, les conflits entre frères et sœurs ont été la source de nombreux scénarios, de dessins animés et même de récits biographiques. D'un point de vue personnel, je pourrais même vous dire que les conflits entre frères et sœurs sont parfois à la source de nombreuses consultations en psychologie!

Le présent livre a donc pour but d'informer les parents, ou les futurs parents sur le vaste sujet des relations fraternelles. Dans le chapitre 2, il sera question de l'importance des relations frères-sœurs dans la vie d'un individu. Le chapitre 3 vous permettra de réfléchir aux avantages et aux inconvénients d'être un enfant unique, ainsi que d'apprendre comment les parents de ces enfants peuvent les aider à affronter les défis que présente ce statut. Par la suite, le chapitre 4 aidera les futurs parents d'un deuxième enfant à préparer leur aîné à l'arrivée du nouveau venu. Dans le chapitre 5, il sera question de la rivalité qui peut exister entre frères et sœurs et ce… malgré les précautions que vous aurez appris à prendre dans le chapitre précédent! Parce que les conflits fraternels sont si fréquents, le chapitre 6 expliquera la fonction de ces conflits… Eh oui! Vous serez probablement surpris d'apprendre que les conflits jouent un rôle dans la vie des gens! Ensuite, le chapitre 7 vous permettra de savoir quel est votre rôle de parent lorsque vos enfants se disputent. Vous y apprendrez plusieurs trucs et stratégies efficaces afin que vos enfants apprennent à sortir grandis de ces conflits. Enfin, ce livre se conclura sur une note positive et réaliste en résumant à quel point les relations fraternelles sont importantes et en rappelant que les enfants uniques peuvent survivre et même être très équilibrés… Sans vouloir me vanter, j'en suis un exemple vivant!

Bonne lecture!

CHAPITRE 2

L'importance des relations fraternelles

La présence d'un frère ou d'une sœur peut être très importante dans la vie d'un individu. Autant les relations fraternelles peuvent être ponctuées de nombreux conflits durant l'enfance, autant les frères et sœurs peuvent éventuellement devenir des sources de soutien moral lors d'événements stressants de la vie. Mais avant d'approfondir ce sujet si important que sont les relations fraternelles, jetons un coup d'œil à la situation familiale des Québécois, car apparemment, nous ne faisons pas beaucoup d'enfants et il y a de plus en plus d'enfants uniques…

Situation des familles au Québec

En fait, en 2006, les couples qui n'ont qu'un seul enfant comptaient pour environ 47 % de toutes les familles québécoises (Source : Institut de la statistique du Québec). Malgré tout, il est possible que le nouveau régime québécois d'assurance parentale ait créé un petit *baby boom*… En effet, de janvier à avril 2006, 26 250 bébés québécois sont nés, soit une hausse de 7,4 % par rapport à la même période en 2005 (Source : http://www.petitmonde.com). Il s'agit probablement d'un phénomène isolé, car depuis les années 1980, nous observons une forte tendance chez les familles à avoir de moins en moins d'enfants. Le tableau de la page suivante illustre bien ce phénomène.

Familles avec enfants selon la structure et le nombre d'enfants de moins de 25 ans, Québec, 1951-2001

ANNÉE	NOMBRE D'ENFANTS DE MOINS DE 25 ANS %					TOTAL
	1	2	3	4	5 et +	
1951	29,6	24,6	16,1	10,4	19,3	100,0
1961[1]	26,6	25,6	29,4	...	18,4	100.0
1971	29,0	29,1	18,5	10,7	12,7	100,0
1981	34,9	39,0	17,3	5,9	2,9	100,0
1986	40,6	40,8	14,4	3,3	0,9	100,0
1991	42,3	41,4	13,1	2,6	0,6	100,0
1996	42,1	41,3	13,2	2,7	0,7	100,0
2001	43,2	40,7	12,6	2,8	0,7	100,0

D'abord, on peut remarquer qu'à partir de 1961, le pourcentage de familles de trois enfants et plus diminue de façon draconienne. On peut également constater qu'en 1986, pour la première fois, le nombre de familles avec un seul enfant atteignait approximativement le nombre de familles à deux enfants, pour ensuite le dépasser en 1991. Enfin, c'est au début des années 1990 que le pourcentage de familles de un ou deux enfants commence à augmenter de façon significative.

C'est donc un fait : les Québécois ont des familles de moins en moins nombreuses. Ajoutez à cela le phénomène de séparation des parents et celui des familles reconstituées, et vous assistez à tout un revirement de la situation des familles québécoises. Avant, dans une famille, il y avait deux parents et deux, trois ou quatre enfants. Maintenant, dans chaque famille, il y a moins d'enfants… et plus d'adultes!!! Deux parents, un ou deux beaux-parents, de quatre à huit personnes qui font figure de grands-parents… Si on considère en plus que l'enfant a maintenant une éducatrice (ou plus si ces dernières travaillent à temps partiel pour mieux concilier travail et famille), une enseignante (ou plus si

---

1. Sous la colonne 3, il s'agit de 3 et 4 enfants en 1961.

Source : Statistique Canada, Recensements du Canada. 28 février 2003

ces dernières travaillent à temps partiel pour mieux concilier travail et famille) et une éducatrice de service de garde… Il est facile de comprendre que plusieurs enfants d'aujourd'hui peuvent se sentir bien seuls dans cet univers qui semble être construit surtout pour les adultes.

Ceux qui ont la chance d'avoir un frère ou une sœur avec qui ils s'entendent relativement bien peuvent compter sur leur relation fraternelle pour obtenir du soutien dans ce monde d'adultes. Ce qui m'amène au sujet qui nous intéressait au début du présent chapitre : l'importance des relations fraternelles dans la vie des individus.

L'importance et l'unicité des relations fraternelles

Les relations fraternelles, c'est-à-dire entre frères et sœurs, représentent un aspect majeur de la vie de la plupart des gens. Elles sont souvent les seules relations intimes, quotidiennes, que l'on a avec un individu de la même génération que soi avant d'avoir atteint l'âge adulte. Autrement dit, avant de partager votre vie avec un amoureux ou une amoureuse, les seules relations intimes que vous avez eues sur une base quotidienne avec quelqu'un qui a à peu près le même âge que vous, ce sont vos relations avec vos frères et vos sœurs... à moins que vous n'ayez eu un coloc particulièrement sympathique! Mais là encore, quand on parle de colocataire, on parle de l'âge adulte.

Dans la vie d'un individu, les liens avec les membres de sa fratrie (c'est-à-dire l'ensemble des frères et sœurs d'une famille) seront probablement les liens les plus durables, si on les compare à toutes les autres relations qu'il aura développées au fil des ans. En effet, selon l'ordre logique des choses, ses parents mourront avant les membres de sa fratrie et les relations amicales significatives (et non de passage) et / ou amoureuses viendront bien plus tard que ses frères et sœurs. C'est la raison pour laquelle les liens fraternels peuvent demeurer importants tout au long de la vie adulte : à cause du passé commun que les membres d'une même fratrie partagent et du fait de provenir du même milieu familial, donc, de la même micro-culture.

Lorsque les liens sont positifs, les frères et sœurs s'entraident dans les différentes épreuves que la vie leur apporte et ultimement, partagent les soins à donner aux parents vieillissants. Ils pourront même se soutenir mutuellement dans leur propre vieillesse. Malheureusement, les relations fraternelles ne sont pas toujours aussi positives, et certains frères et sœur qui vivaient une grande rivalité durant l'enfance continueront à avoir des conflits même à l'âge adulte.

Petite histoire de la recherche scientifique sur les relations fraternelles

Une histoire récente

La recherche scientifique s'est longtemps consacrée à l'étude des liens existant entre la qualité des relations parent-enfant et la santé mentale à l'âge adulte. Évidemment, le lien entre ces relations et la santé mentale est facile à faire, compte tenu que les parents sont les principales figures d'attachement de leurs enfants, donc les personnes qui ont probablement le plus d'impact sur le développement de ceux-ci. C'est grâce à ses études que nous savons maintenant que les enfants dont les parents ont manifesté peu d'affection à leur égard ou se sont montrés violents étaient plus à risque de développer des problèmes d'adaptation subséquemment.

Les scientifiques ont cependant tardé à faire des études sur le développement et l'impact des relations fraternelles. En effet, les premières études ont été menées dans les années 1980 et se sont surtout centrées sur l'influence de variables telles que le rang dans la famille, l'impact du nombre de frères et sœurs, de la différence d'âge entre eux, l'effet de genre (ex. : frère-frère; sœur-sœur; frère-sœur), et le tempérament des frères et sœurs d'une même famille (Furman, 1995).

Malheureusement, les résultats de ces différentes études étaient souvent contradictoires. En effet, les résultats démontraient, dans certains cas, que les relations fraternelles étaient plus faciles entre les enfants de même sexe alors que d'autres chercheurs ont découvert qu'il y avait plus d'agressivité et de comportements dominants entre les frères et sœurs de même sexe comparativement à ceux de sexe opposé. Certains scientifiques ont remarqué que les membres d'une fratrie arrivaient mieux à s'entendre lorsque la différence d'âge entre eux était plus grande, alors que d'autres études, réalisées sensiblement dans les mêmes années, ont révélé que la différence d'âge n'avait aucun impact significatif sur la qualité des relations fraternelles. L'incohérence entre ces résultats est probablement due à la quantité phénoménale d'autres facteurs pouvant influencer la qualité des relations fraternelles : constellation familiale, attitudes parentales, présence de beaux-parents, tempérament des enfants, etc. Malheureusement, pour les chercheurs, il est difficile de maîtriser toutes ces variables lorsqu'ils veulent faire une étude se concentrant seulement sur une ou deux variables, par exemple la différence d'âge ou le sexe.

Bien que les résultats de toutes ces recherches auraient pu être fort intéressants s'ils avaient été cohérents, je ne crois pas que les psychologues cliniciens auraient pu suggérer des trucs concrets aux parents à partir de leurs résultats… Auriez-vous aimé me rencontrer en consultation pour des problèmes relationnels entre vos enfants, pour m'entendre vous dire : « Vous auriez dû attendre plus longtemps avant de concevoir votre deuxième enfant » ou encore « Il aurait fallu avoir deux garçons ou deux filles plutôt que deux enfants de sexe opposé » ! Sincèrement, je crois que vous seriez sorti de mon bureau pas mal frustré! Bref, les informations telles que l'effet de la différence d'âge ou du sexe des enfants, bien qu'intéressantes, ont peu de potentiel quand il s'agit de développer et de suggérer des interventions concrètes afin de diminuer les conflits dans la fratrie.

Les impacts positifs des relations fraternelles

À mon avis, les études plus récentes sont plus prometteuses car elles permettent aux cliniciens de mieux comprendre l'impact de la qualité des relations fraternelles sur la capacité d'adaptation qu'auront les enfants plus tard, et sur les interventions parentales qui ont un effet sur les relations frères-soeurs. Les paragraphes suivants sont des exemples de ces résultats d'études.

Apparemment, le développement de liens fraternels positifs et harmonieux durant l'enfance est très souhaitable, presque autant que des relations positives entre un parent et son enfant. En effet, certaines recherches ont démontré qu'il y a une corrélation entre les saines relations dans la fratrie et la santé mentale ou l'adaptation à l'âge adulte. À titre d'exemple, une étude longitudinale a fait le suivi de plus de 200 hommes et a permis de découvrir l'existence d'un lien entre des relations fraternelles négatives avant l'âge de 20 ans et une éventuelle dépression majeure (Waldinger, Vaillant & Orav, 2007). L'étude souligne ainsi l'importance de développer des liens positifs entre les membres d'une même fratrie.

Une autre étude (Milevsky, 2005) a fait ressortir l'importance de la fratrie en tant que source de soutien social pour les jeunes adultes. En fait, il semble que le soutien de la fratrie compense pour un faible soutien parental ou un faible soutien du réseau d'amis chez les jeunes. Le chercheur qui a effectué cette étude recommande même aux cliniciens d'inclure les frères et soeurs dans la thérapie d'un individu qui serait isolé ou qui aurait un réseau social atypique. Dans la même ligne d'idées, une autre étude examinant les impacts du divorce sur les relations frères-sœurs indique que les membres de la fratrie ont souvent tendance à se rapprocher lors d'une situation stressante comme le divorce des parents.

Apparemment, ils ont aussi tendance à se tourner l'un vers l'autre et apprennent à devenir solidaires lorsque leurs parents ne sont plus aussi disponibles pour leur offrir un soutien affectif (Abbey, & Dallos, 2004).

Enfin, il semblerait que les enfants qui ont une relation positive avec les membres de leur fratrie démontrent une plus grande capacité à comprendre les émotions (Dunn, Brown, Slomkowski, Telsa, & Youngblade, 1991), de plus grandes habiletés cognitives (Howe & Ross, 1990; Smith 1993), une plus grande compréhension des situations sociales (Bryant & Crockenberg, 1980; Dunn & Munn, 1986a), une plus grande sensibilité morale (Dunn, Brown, & Maguire, 1995), et une meilleure adaptation psycho-sociale (Dunn, Slomkowski, Beardsall, & Rende, 1994).

Les impacts négatifs des relations fraternelles
Inversement, les relations fraternelles peuvent avoir des effets dévastateurs sur une personne. En effet, de nombreuses études démontrent que les conflits sont très fréquents dans les familles où un enfant est particulièrement agressif, et que les frères et sœurs des enfants agressifs ont tendance à développer des comportements déviants (Patterson, 1984, 1986; Brody & Stoneman, 1987; Mash & Johnston, 1983). L'un de ces chercheurs prétend même que les relations fraternelles servent de terrain d'entraînement pour les comportements déviants, les membres d'une fratrie s'apprenant mutuellement certains comportements agressifs, aversifs et coercitifs (Patterson, 1986).

L'importance de l'implication des parents
D'autres études encore se sont intéressées aux différentes attitudes parentales permettant de développer des liens relativement harmonieux entre les membres d'une fratrie. Ainsi, des programmes de coaching parental ont été développés spécifiquement pour améliorer les relations dans la fratrie (Briemaster & Schaefer, 2007). Afin que vous puissiez bénéficier de cet apport de la recherche, il sera question dans le chapitre 7 des interventions que les parents peuvent utiliser afin de favoriser ces saines relations.

CHAPITRE 3

Être parent d'un enfant unique

Maintenant que vous avez pris conscience de l'importance des relations fraternelles, vous devez sûrement vous demander ce qui arrive aux enfants qui n'en n'ont pas... les enfants uniques. Faites bien attention avant de porter un jugement sur ces enfants qu'on dit souvent trop gâtés, surprotégés, égoïstes, asociaux, fragiles, immatures et égocentriques... Souvenez-vous de ma révélation du chapitre 1 : je suis moi-même enfant unique!

Des préjugés et des mythes

En effet, les préjugés que l'on attribue aux enfants uniques sont tenaces. Il est vrai que certaines études font ressortir qu'il existe certains risques pour ces enfants. Des experts prétendent que ceux-ci peuvent être plus agressifs, moins coopérants, qu'ils peuvent manquer d'habiletés sociales…

Mais aucun de ces mythes associés aux enfants uniques n'est nécessairement vrai. En tout cas, ils ne s'appliquent certainement pas à TOUS les enfants uniques et il faut se méfier des généralisations!

Certains philosophes avancent même une théorie selon laquelle les mythes sur les enfants uniques ont probablement été en partie fabriqués pour des raisons politiques. Selon Daniel Gayet (cité par M.-L. Uberti, 1999), un philosophe français, après les deux guerres mondiales, il fallait repeupler la France. On aurait donc tenté de convaincre les parents de cette époque que pour la santé mentale de leur enfant, il fallait concevoir au moins un deuxième enfant… Je ne sais pas si cette théorie s'applique au Canada, mais la période d'après-guerre (WWII) correspond très certainement au fameux *baby boom*, qui a eu lieu entre 1946 et 1965!

Quoi qu'il en soit, je suis certaine que vous avez déjà entendu quelque part qu'il était malsain pour un enfant de n'avoir aucun frère et sœur.

Pas si mal en point que ça, ces enfants uniques!

Vous serez probablement surpris d'apprendre que les enfants uniques peuvent bénéficier de certains avantages comparativement à ceux qui ont des frères et sœurs. Notamment, un enfant unique passera beaucoup de temps avec des adultes (c'est-à-dire ses parents et leurs amis), ce qui peut lui donner la possibilité de développer plus précocement l'autonomie, le langage et les habiletés de communication, telles que la capacité à dire ce qu'il veut, à émettre clairement son opinion et à argumenter. Cela peut toujours être utile à la garderie, à l'école et même plus tard dans la vie. De plus, bien au-delà de ne pas avoir à souffrir de la jalousie ou des sentiments de rivalité d'un frère ou d'une sœur, plusieurs enfants uniques apprécient le fait de ne pas avoir à partager l'attention de leurs parents. Ils ont plus souvent l'opportunité de sortir à des endroits habituellement réservés aux adultes (ex. : restaurants chics), de participer à des activités culturelles (ex. : aller voir des spectacles) et même de voyager avec leurs parents… ce qui constitue un atout majeur pour leur culture personnelle! Ainsi, il n'est pas rare de voir des enfants uniques parfaitement capables de bien se conduire dans les endroits publics, même lorsqu'ils sont en bas âge. Les parents, en n'ayant qu'un enfant, ont souvent les moyens de les amener partout avec eux, ce qui leur permet d'apprendre à un plus jeune âge comment se comporter en « petits adultes ». Leurs modèles principaux sont leurs parents, qui, espérons-le, ne les entraîneront pas à faire certaines petites bêtises comme un grand frère pourrait le faire!

Les enfants uniques sont souvent dorlotés et chouchoutés, ce qui leur vaut probablement leur réputation d'enfants gâtés. Mais toute l'attention, le réconfort et l'amour qu'ils reçoivent de leurs parents peuvent leur être bénéfiques. En effet, recevoir beaucoup d'attention du fait que les parents n'ont pas à la partager peut permettre aux enfants uniques de développer un grand sentiment de sécurité et une très bonne estime d'eux-mêmes. De plus, les enfants uniques ont l'avantage de pouvoir construire leur propre « famille » en s'entourant d'amis qu'ils choisissent, au lieu de « subir » des frères et sœurs avec qui ils n'auraient pas nécessairement une compatibilité de caractères! Encore faut-il qu'ils soient assez sociables pour pouvoir se développer un bon réseau d'amis…

Les défis des enfants uniques

Ce qui m'amène à un peu plus de nuance ici en vous avouant qu'être enfant unique comporte tout de même son lot de défis!

Risquer d'être trop « gâté »

En effet, il existe le phénomène de l'enfant précieux et de l'enfant roi, dont ont entend si souvent parler. Personnellement, je n'aime pas cette expression qui vise l'enfant de façon un peu accusatrice alors que son comportement est souvent attribuable à l'attitude de ses parents, qui hésitent à l'encadrer de peur de le brimer.

Ce phénomène est parfois présent chez les enfants uniques, mais également après une longue période d'infertilité chez un couple qui finit par avoir un enfant (par traitements en fertilité ou par adoption) ou chez les parents dont l'enfant a été blessé ou gravement malade. L'enfant devient alors la seule personne qui compte dans la famille et l'unique récipient de tout l'amour de ses parents… Ces derniers peuvent développer la conception que cet enfant est fragile et qu'il ne devrait jamais avoir à vivre de la tristesse ou de la frustration. L'enfant apprend alors moins rapidement à gérer sa frustration, puisque les parents font en sorte qu'il n'en vive pratiquement pas.

De plus, l'enfant unique, à cause de son statut, est souvent habitué d'obtenir rapidement ce qu'il veut, car ses parents sont souvent très disponibles pour lui, n'ayant pas d'autres enfants dont ils doivent s'occuper. Il a donc moins l'occasion d'apprendre à tolérer les délais.

Évidemment, tel que nous l'avons mentionné au début de ce chapitre, ce phénomène ne touche pas tous les enfants uniques. Certains parents interviennent de façon que leur enfant développe une bonne tolérance aux délais et à la frustration. La réaction de l'enfant dépendra aussi énormément de son tempérament.

Risquer de vivre une pression de performance

Le fait d'être enfant unique, d'être constamment le centre d'attention de ses parents peut amener certains à vivre une pression de performance menant au perfectionnisme. En effet, les enfants uniques sont seuls à pouvoir satisfaire les attentes et les espoirs de leurs parents. Ainsi, selon la tendance des parents à se projeter dans leur enfant, à voir ce dernier comme leur prolongement, l'enfant unique peut développer une certaine peur de l'échec. Pour ces enfants, échouer peut signifier de décevoir leurs parents ou, pire encore, de perdre tout leur amour. Ils peuvent alors devenir dépendants des louanges qu'ils reçoivent souvent parce qu'elles les rassurent sur le fait qu'ils plaisent toujours à leurs parents. Fort heureusement, plusieurs parents ne tombent pas dans le piège de donner TROP d'attention à leur enfant unique et réussissent à maintenir d'autres champs d'intérêts, ce qui permet à celui-ci d'éviter de vivre cette pression de performance.

Risquer d'être surprotégé

Le fait d'être le centre d'intérêt de ses parents amène souvent les enfants uniques à être surprotégés. C'est encore une conséquence du phénomène de l'enfant précieux que je mentionnais au premier point… L'enfant devient en quelque sorte la raison de vivre des parents et leur seul objet d'inquiétudes. Il peut au départ être sécurisé par cette protection, mais elle peut avoir l'effet pervers de lui envoyer le message que « le monde extérieur est dangereux, je ne peux arriver à rien sans la protection de mes parents ».

La surprotection parentale fait rarement des enfants très aventureux! Le comportement des parents peut devenir infernal s'ils exercent un trop grand contrôle sur leur adolescent et font intrusion dans sa vie sociale. Il va sans dire que cela entraînera des conflits avec l'adolescent puisqu'il ne se sentira pas respecté. On retrouve également ce phénomène de surprotection avec l'aîné d'une famille qui, en quelque sorte, ouvre la voie pour les enfants qui le suivent. Par manque d'expérience et de confiance, certains parents seront un peu plus sévères et surprotecteurs avec leur premier enfant, pour ensuite apprendre à s'ajuster avec les suivants… ce qui peut occasionner de la jalousie dans la fratrie, bien évidemment!

Risquer de ne pas pouvoir socialiser en bas âge

Les enfants qui grandissent avec une fratrie apprennent beaucoup sur les relations sociales en bas âge. Ils apprennent à partager, à gérer les conflits, à taquiner et à être taquinés… Ils apprennent la compétition, les compromis, comment reconnaître les émotions et les besoins des autres… C'est plus difficile pour un enfant unique d'apprendre tout ça en bas âge car il a moins d'occasions de le faire, n'étant pas confronté quotidiennement à la rivalité fraternelle. Il peut donc éprouver des difficultés à s'affirmer auprès de ses pairs, ou encore à partager avec eux. Heureusement, les garderies compensent largement du côté de la socialisation! Elles constituent en effet un excellent contexte d'apprentissage à la socialisation, à l'affirmation de soi et au partage.

Risquer de devoir affronter la solitude

L'attention exclusive des parents, c'est bien… mais les journées peuvent parfois être longues sans frère ni sœur avec qui s'amuser! De plus, tel que mentionné au chapitre 2, les frères et sœurs peuvent être source de soutien lorsque la famille vit un événement difficile tel que la séparation des parents. Un enfant unique qui vit une telle situation peut se sentir bien seul… d'où l'importance pour les parents de favoriser le développement de liens amicaux en bas âge, de faire en sorte que l'enfant se sente à l'aise d'aller chez différents amis et d'être ouverts à inviter régulièrement les amis de l'enfant à la maison. À défaut d'avoir des frères et sœurs sur qui il peut s'appuyer en cas de difficulté, l'enfant unique doit apprendre à développer des liens amicaux, un réseau social. Cependant, bien que la solitude puisse paraître un terrible inconvénient, sachez qu'elle s'apprivoise! En effet, bien des enfants uniques apprennent à apprécier les moments de solitude et finissent même par en avoir besoin.

Votre rôle de parent

Pour éviter qu'un enfant unique vive les impacts négatifs de son statut, voici une petite liste de trucs. Ils semblent simples, mais plus vous tarderez à les mettre en place, plus ils seront difficiles à appliquer puisque vous vous laisserez envahir par de mauvaises habitudes dont il est difficile de se débarrasser. Ce sera tout aussi difficile pour l'enfant.

Éviter qu'il soit trop gâté

Même si vous avez envie de décrocher la lune… les étoiles et le soleil pour votre enfant unique, tentez de trouver un équilibre entre votre irrésistible amour pour lui et d'autres intérêts que vous aviez avant sa naissance. Ainsi, il ne sera pas constamment le centre de votre attention. Tentez de réserver des moments pour votre intimité personnelle et celle de votre couple. Dans la mesure du possible, essayez de conserver une vie sociale et des intérêts à l'extérieur de la famille. Cela permettra de libérer l'enfant et le couple de ce triangle relationnel qui peut parfois devenir très envahissant pour les trois membres de la famille.

Ce conseil est particulièrement important pour les mères de familles monoparentales, qui se retrouvent parfois presque en relation de « couple » avec leur enfant. Elles oublient souvent d'avoir une intimité personnelle et de se donner le droit d'avoir des intérêts à l'extérieur du duo mère-enfant. C'est une réaction normale dans ces circonstances, puisqu'il n'y a pas de papa pour éloigner un peu la mère de l'enfant et ainsi éviter la fusion. Mais ce n'est pas parce que cette tendance est compréhensible qu'on doit ne rien faire pour équilibrer les choses. Voyez ça comme une façon de répondre au besoin de votre enfant de vivre son enfance et d'éviter de lui donner un rôle d'adulte.

Éviter de lui mettre trop de pression menant au perfectionnisme

Pour diminuer la pression à être parfait que votre enfant peut ressentir, tentez de normaliser les erreurs. Lorsque vous faites en faites devant lui, réagissez positivement en riant de votre gaffe et en soulignant qu'il s'agit là d'une occasion d'apprendre quelque chose. Lorsque l'enfant commet lui-même un impair, dédramatisez la chose… sans pour autant nier qu'il l'ait fait. Si vous dramatisez la situation, il sentira l'obligation d'être parfait et de satisfaire vos attentes. Il se sentira menacé par l'échec. Par contre, si vous niez la bévue pour préserver son estime de soi, il n'apprendra jamais à accepter ses erreurs avec humilité et à apprendre de celles-ci. Il doit sentir que vous l'aimez pour ce qu'il est, et non pour ce qu'il fait.

Éviter de le surprotéger

Attention! Il ne s'agit pas de devenir complètement négligent et nonchalant par rapport à la sécurité de votre enfant. Le piège dans lequel la plupart des parents surprotecteurs tombent est de se concentrer sur les sources de dangers. Pour trouver un équilibre entre la négligence et la surprotection, pensez également aux éléments de sécurité qui sont autour de votre enfant. N'hésitez pas à l'exposer à des situations nouvelles et à lui faire vivre des expériences nouvelles. Faites-lui affronter des petits défis – réalistes pour son âge – afin de développer sa confiance en soi et son sentiment d'efficacité personnelle. Au lieu de seulement le mettre en garde contre tous les dangers qu'il pourrait devoir affronter, orientez-le vers les solutions, vers ses capacités à bien réagir et vers le développement d'une saine débrouillardise et autonomie.

Lorsqu'il tombe ou lorsqu'il se blesse, réconfortez-le sans dramatiser… Tous les enfants ont des petits bobos! Songez à vos grand-mères ou à vos arrière-grand-mères qui ont eu de nombreux enfants… Pensez à la réaction qu'elles devaient avoir lorsque le sixième tombait en s'écorchant le genou ou lorsqu'il se cognait la tête… Elles devaient alors se dire : « S'il pleure, c'est qu'il est encore en vie! »

Créer des occasions de socialiser

Ne vous isolez surtout pas avec votre enfant!!! Vous devez d'abord vous-même devenir un bon modèle de socialisation en gardant une vie sociale relativement active. Cela peut sembler impossible à l'arrivée d'un enfant qui chamboule votre vie et qui devient le centre de votre attention, mais cela ne veut pas dire qu'il ne faut pas essayer. Favorisez la socialisation de votre enfant en créant des occasions de rencontrer d'autres enfants. Idéalement, autour de l'âge de 18 mois, votre enfant peur commencer à fréquenter une garderie. Selon le choix de vie du couple et les conditions de travail des parents, certains enfants commenceront un peu plus jeune, d'autres un peu plus tard. L'avantage de la garderie, c'est qu'elle est une excellente occasion pour l'enfant d'apprendre à socialiser. Attention, la garderie n'est pas la seule solution pour socialiser votre enfant…

Avant cet âge, ou si vous avez décidé de rester à la maison pour lui, promenez-vous dans les parcs aux heures d'achalandage, par exemple lorsque les enfants des garderies du quartier s'y trouvent avec leurs éducatrices. Apprenez à connaître les mamans du voisinage qui ont un enfant d'environ le même âge que le vôtre et organisez des sorties ou des visites mères-enfants. Fréquentez les maisons de la famille et participez aux activités offertes par les associations de mères comme des déjeuners-causeries pendant que les enfants sont à la halte-garderie adjacente. Cela vous fera du bien de rencontrer d'autres mères et de discuter entre adultes, et cela sera bénéfique pour votre enfant, qui vivra ses premières expériences avec des pairs.

Plus tard, la socialisation lui apprendra à s'intégrer dans un groupe de pairs, à inviter un autre enfant à jouer avec lui, à partager, à s'affirmer, à résoudre des conflits… Lorsqu'il aura intégré un groupe d'amis stables, soyez ouvert à ce qu'il les invite à la maison pour jouer, partager des repas et même dormir chez vous à l'occasion. Enfin, n'oubliez pas que les sports, les loisirs et les activités culturelles sont également de bons moyens pour rencontrer des amis, socialiser et développer une bonne estime de soi.

Dédramatisez!

Aimez votre enfant unique sans vous sentir coupable… Bien des gens vous rappelleront les nombreux stéréotypes sur les enfants uniques, parfois avec de nobles intentions, mais ne tombez surtout pas dans le piège de dramatiser la situation de votre enfant et d'anticiper les problèmes qu'il pourrait développer à cause de son statut. Concentrez-vous plutôt sur votre rôle de parent en vous souvenant des avantages et des défis d'être enfant unique. Dites-vous que ce statut est bien différent que celui de grandir au milieu d'une fratrie, mais qu'il n'est pas nécessairement moins bien. L'important, ce n'est pas tant la configuration d'une famille que l'amour, l'affection et les relations respectueuses qu'on peut y trouver!

Préparer un enfant à l'arrivée d'un petit frère ou d'une petite sœur

Après avoir lu les précédents chapitres sur l'importance des relations fraternelles et sur les enfants uniques, vous êtes maintenant en mesure de décider, de façon plus éclairée, du nombre d'enfants que vous voulez avoir. Si vous décidez d'en avoir un deuxième, vous devez vous dire : c'est bien beau toutes ces théories, mais elle ne nous dit pas concrètement comment préparer notre enfant à l'arrivée du deuxième… cette Doc Nadia! Pas de panique… c'est ce que ce quatrième chapitre explique!

Attention! Chaque enfant est unique…

D'abord, avant de lire les recommandations qui suivent, sachez que vous devrez tenir compte de l'âge de votre aîné, de son niveau de développement, de son niveau d'autonomie et de son tempérament avant d'agir.

Des études démontrent également que le style d'attachement qu'un enfant développera avec ses parents peut influencer la façon dont il acceptera ses petits frères et petites sœurs. En effet, un enfant qui n'a pas développé un attachement sécure à ses parents pourrait se sentir plus menacé par l'arrivée d'un bébé.

L'âge de votre enfant déterminera le niveau de langue que vous aurez à utiliser pour lui donner des explications quant à la venue d'un petit frère ou d'une petite sœur. Il pourrait également faire varier le niveau de rivalité que l'aîné ressentira par rapport à l'arrivée du nouvel enfant. Des études (Corter, Pepler & Abramovitch, 1982) démontrent que plus l'aîné a une grande différence d'âge avec le nouvel enfant, moins la rivalité sera grande. Comme il est plus vieux, il n'a pas besoin de sa mère de la même manière que le bébé. Inversement, plus les deux enfants seront près en âge, plus ils sont à risque de se sentir en compétition pour obtenir l'attention et les soins des parents.

Si vous avez bien lu le chapitre 2, vous savez maintenant que les études sur les impacts de la différence d'âge entre frères et sœurs ont donné des résultats contradictoires. Cela signifie que plusieurs autres facteurs que la différence d'âge influencent le niveau de rivalité et de compétition entre les membres d'une fratrie. Deux frères ou sœurs proches en âge peuvent réussir à s'entendre à merveille, tandis que deux frères ou sœurs très éloignés en âge peuvent se détester.

Un des facteurs qui peuvent interagir avec la différence d'âge est le tempérament de l'aîné. Certains enfants naissent avec un tempérament plus difficile et réagissent alors moins bien aux stresseurs, aux changements et à la nouveauté. Comme l'arrivée d'un nouvel enfant dans une famille constitue un grand changement, cela peut occasionner des problèmes d'adaptation chez les aînés au tempérament plus rigide et plus difficile. Sans nécessairement détester leur petit frère ou leur petite sœur pour le reste de leurs jours, ils mettront plus de temps que la moyenne à s'adapter à leur présence dans leur vie. D'autres enfants naissent avec un tempérament facile et s'adapteront plus aisément au nouveau venu, et ce, même s'ils ne sont pas beaucoup plus vieux que lui. Le tempérament fera donc varier les réactions de l'enfant à toute situation stressante, à tout changement, dont celui de la naissance de frérot ou sœurette.

Le niveau de développement et d'autonomie de l'enfant aura également un impact sur sa capacité à s'adapter au nouveau venu. Est-ce que le niveau de développement et d'autonomie est directement lié à l'âge d'un enfant, vous demandez-vous? Eh bien pas nécessairement!

Deux enfants du même âge peuvent avoir des niveaux de développement et d'autonomie fort différents. Je dirais même que l'un peut être plus avancé que l'autre dans certaines sphères de son développement et être en retard sur celui-ci dans d'autres sphères. Ce qui prouve que chaque enfant est unique! Chose certaine, plus un enfant est autonome, plus il est capable de tolérer un délai avant que l'on réponde à ses demandes. Il est donc plus apte à fonctionner sans avoir constamment l'attention de ses parents.

Même si les trucs qui suivent semblent logiques à la première lecture, leur application devra donc être adaptée selon VOTRE connaissance de VOTRE enfant. Tel que mentionné dans l'avant-propos de ce livre, en tant que psychologue, je suis experte de la moyenne des enfants. Vous, en tant que parent, vous êtes l'expert de VOTRE enfant… C'est donc seulement en vous inspirant de trucs de professionnels, tout en utilisant votre bon jugement avec confiance que vous arriverez à faire des petits miracles!

Annoncer la grossesse à l'aîné

Si vous décidez d'avoir un deuxième enfant, vous pouvez introduire graduellement l'idée à l'aîné de façon positive avant même la conception du bébé. Par exemple, vous pouvez lui parler avec enthousiasme des familles qui comprennent plusieurs enfants. Ainsi, lorsque vous faites des sorties avec votre enfant et que vous rencontrez des familles de deux enfants ou plus, profitez-en pour discuter avec votre enfant des avantages d'avoir un frère ou une sœur. Vous pouvez même lire des petits livres d'histoires qui traitent des relations frères-sœurs (voir liste des ressources à la fin du livre).

Lorsque le deuxième enfant est en route, tentez d'annoncer la bonne nouvelle à votre enfant avant de l'annoncer au reste de la famille élargie ou aux amis. Cela lui confirmera qu'il est très important à vos yeux. Ne le prenez pas personnel si l'enfant ne réagit pas tel que vous vous l'attendiez... une réaction négative de sa part peut être tout à fait normale et il est même sain qu'il se sente à l'aise de vous exprimer ses craintes ou son mécontentement. Dans ce cas, vous devez démontrer que vous êtes prêt à l'écouter et à valider ses émotions. Ce sera déjà un premier signe pour lui que même s'il ne sera plus le seul enfant dans la famille, vous serez toujours là pour l'écouter et le soutenir.

C'est déjà un bon début et c'est sécurisant pour lui. Vous devez donc être prêt à mettre de côté votre joie de cette nouvelle grossesse pour un moment afin de l'écouter, au lieu de tenter de le forcer à être content pour vous ou encore de le bouder parce qu'il ne vit pas l'évé- nement de la même façon que vous.

En tant qu'adulte, vous devez avoir assez de maturité pour être capable de vivre le bonheur d'avoir un deuxième enfant, même si fiston ne supporte pas votre choix! Son rôle n'est pas de vous appuyer dans votre décision et s'il est en bas âge, il n'a pas encore la maturité nécessaire pour se mettre à votre place et anticiper les avantages à long terme d'avoir un frère ou une sœur. Chez certains enfants, tout ce qui comptera, c'est la possibilité de perdre sa place dans la famille. Il y a de quoi réduire sa capacité à être content pour vous! Enfin, même si vous avez fait le choix d'avoir ce deuxième enfant, n'oubliez pas que fiston peut sentir qu'on lui impose cet intrus dans la famille. Il aura donc besoin de plus de temps que vous pour apprivoiser cette nouvelle!

En attendant bébé

Inclure fiston ou fillette dans l'expérience de la grossesse

Peu après l'annonce de la nouvelle, votre enfant vous posera sûrement des questions : « Est-ce que je garderai la même chambre? », « Comment fait-il pour respirer dans ton ventre? », « Est-ce que je pourrai jouer avec lui ou elle? », « Est-ce que vous allez moins m'aimer quand il va être au monde? » Il ne faut pas hésiter à lui répondre dans un langage simple. Toutefois, si l'enfant ne semble pas intéressé à en parler, n'insistez pas. Cela peut vouloir dire qu'il n'est pas encore prêt à assimiler l'information, ou qu'il refuse encore d'accepter la nouvelle. Insister pour en parler ne fera que rendre la nouvelle encore plus aversive pour lui. Par contre, lorsque vous sentez que votre aîné devient plus ouvert à cette éventualité et est même curieux d'apprendre le mystère de la vie, vous pouvez lui faire lire des livres sur la grossesse et la naissance à condition, bien sûr, qu'ils soient appropriés pour son âge. Un petit conseil : feuilletez le livre avant de l'acheter! La tranche d'âge auquel un livre est adapté est souvent écrite sur la couverture, mais lorsqu'il existe plusieurs livres disponibles pour l'âge de votre enfant, vous êtes la personne la mieux placée pour savoir lequel lui conviendra davantage.

Montrez-lui des photos de lui prises lors de sa propre naissance et rappelez-lui à quel point vous étiez enthousiaste à l'idée de sa venue au monde. Cela l'empêchera de croire que seule l'arrivée de l'autre enfant rend les parents enthousiastes. N'oubliez pas que lorsque vous étiez dans l'attente de votre aîné, il n'était pas là pour être conscient de votre bonheur! Même si vous lui parlez du fait que vous étiez très heureux de sa naissance, ce n'est pas une preuve aussi forte et aussi concrète que la photo de ses parents heureux le tenant dans leurs bras.

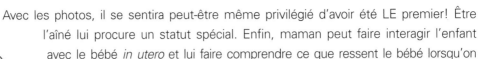

Avec les photos, il se sentira peut-être même privilégié d'avoir été LE premier! Être l'aîné lui procure un statut spécial. Enfin, maman peut faire interagir l'enfant avec le bébé *in utero* et lui faire comprendre ce que ressent le bébé lorsqu'on parle à travers le ventre ou lorsqu'on touche le ventre de maman. Si l'enfant est hésitant, il pourra commencer par observer papa qui parle à bébé ou touche le vendre rond de maman.

Favoriser le développement de l'autonomie et la socialisation

Afin de préparer subtilement fiston ou fillette à l'arrivée de bébé, le rendre plus autonome n'est peut-être pas une mauvaise idée! Tel que mentionné précédemment, plus il sera autonome et se sentira « grand garçon » ou « grande fille », moins il se sentira en compétition avec bébé. Une bonne façon de stimuler le développement de l'autonomie est d'abord d'aider l'enfant à développer de nouveaux intérêts ainsi que des amitiés à l'extérieur de la maison. Il est peut-être temps de songer à une prématernelle (selon l'âge de l'enfant), à une inscription au soccer ou à un premier cours de natation. Ainsi, même si papa et maman devront s'occuper d'un petit bébé qui demande beaucoup de soins, fiston aura une vie et des intérêts à l'extérieur de la maison pour l'occuper par moments. Ces nouvelles amitiés et activités pourraient même être un tremplin pour l'estime de soi, car elles peuvent être valorisantes et donner un sentiment d'importance et de confiance en ses capacités d'affronter la nouveauté.

Vous pouvez également favoriser une plus grande autonomie dans les différentes routines de la journée. Par contre, il ne faut surtout pas que cet objectif crée une pression chez l'enfant. Pour ce faire, apprenez-lui des choses par le jeu et à l'aide de comptines. Il pourrait ainsi apprendre à s'habiller, à se brosser les dents, et peut-être même à devenir propre… tout en s'amusant et sans ressentir que c'est une punition ou, pire encore, une obligation parce que bébé s'en vient. N'oubliez pas, le titre de cette section est bien « Favoriser le développement de l'autonomie » et non « Pousser ou forcer l'autonomie ».

Il pourrait également apprendre graduellement à s'amuser seul pendant des périodes de plus en plus longues. Évidemment, après quelques minutes de jeu seul en respectant vos consignes, il devra recevoir un peu d'attention et vous devrez souligner sa bonne attitude.

Cela aura pour effet de diminuer le sentiment de dépendance envers ses parents et d'augmenter la valorisation par rapport au fait d'être capable de faire plein de choses qu'un bébé ne peut pas faire. Il aura toujours besoin de vous, mais l'interaction en sera plus une de jeu et d'apprentissage qu'une de soins.

Une autre façon de le valoriser sera de lui demander de vous aider à préparer l'arrivée de bébé... sans le forcer si cela ne l'intéresse pas! Il peut aider à plier des petites camisoles, participer à la décoration de la chambre de bébé en plaçant les toutous ici et là... Il se sentira ainsi inclus dans l'expérience et pourra partager le plaisir de ses parents. De plus, il se sentira valorisé par sa capacité à bien accueillir petit frère ou petite sœur.

Favoriser des changements graduels et limiter les sources de stress
Les enfants en bas âge ont besoin de stabilité... Plusieurs adultes préfèrent eux aussi la stabilité aux chamboulements! Avec l'arrivée du bébé, l'enfant devra probablement vivre plusieurs changements : il est possible qu'il change de chambre ou de lit, qu'on le stimule à apprendre la propreté histoire d'éviter d'avoir deux enfants aux couches en même temps... Il commencera peut être à fréquenter une garderie ou à faire des activités à l'extérieur de la maison (voir la section Favoriser le développement de l'autonomie et de la socialisation), il vivra sûrement des changements dans la maison car ses parents prépareront la chambre de bébé et ressortiront landau et chaise haute...

Bien que la plupart de ces changements soient positifs et pour le bien de la famille, il ne faut pas trop bousculer l'aîné. Il faut au contraire lui éviter de lui faire vivre tous ces changements en même temps. Voici un petit truc qui pourrait vous aider : dressez la liste de tout ce que vous voulez faire en préparation à l'arrivée de bébé. À côté de chaque inscription de la liste, notez une cote de 0 à 5 selon le degré de stress que l'action pourra causer à fiston ou fillette. À l'aide d'un calendrier, planifiez les moments où vous ferez ces changements en vous assurant que votre aîné ne vivra pas de trop nombreux stress en même temps. Ulilisez la grille fournie à la page suivante.

Changements à faire en prévision de l'arrivée de bébé

CHANGEMENTS	DEGRÉ DE STRESS IMPOSÉ À FISTON OU FILLETTE (0 À 5)	DATE DU CHANGEMENT
Ex. : Peindre et décorer la nouvelle chambre de bébé	1	Mars

Préparer l'aîné à l'accouchement

En fin de grossesse, il est important de préparer l'enfant à ce qui se passera lors de l'accouchement. Le fait d'avoir regardé des livres sur la grossesse et la naissance devrait déjà avoir contribué à répondre à ses questions et à le rassurer. Par contre, il a peut-être commencé à se demander qui s'occupera de lui pendant que papa et maman iront à l'hôpital. Il est bon de l'informer de vos plans. S'il n'est pas habitué de se faire garder, vous pouvez même faire des « pratiques »... Par exemple, s'il est prévu que les grands-parents le gardent durant le court séjour à l'hôpital, pourquoi ne pas faire un essai quelques semaines avant la naissance et en profiter pour sortir en couple? Ainsi, pendant que fiston apprivoisera le fait d'être gardé, papa et maman prendront du bon temps dans l'intimité!

Une autre bonne idée à l'approche du jour « J » est de faire une sortie *shopping* avec votre aîné pour faire l'achat d'un petit présent qu'il pourra offrir à son petit frère ou à sa petite sœur afin de lui souhaiter la bienvenue dans la famille. À l'insu de l'aîné, vous pourriez également lui acheter un petit présent de la part de bébé, qui lui sera remis lorsqu'il lui rendra visite à l'hôpital. Ne vous lancez pas dans de grandes dépenses! Il s'agit seulement d'un petit geste symbolique qui a pour but de démarrer la relation fraternelle de façon positive. En fait, nul besoin de dépenser : le cadeau de votre aîné à bébé pourra être un bricolage fabriqué de ses propres mains.

Pourquoi est-ce compliqué d'avoir un deuxième enfant, alors que nos grands-mères en avaient facilement 13 ou 14?

D'abord, laissez-moi vous dire que nos grand-mères ne seraient pas nécessairement contentes de lire dans le titre de cette section qu'elles avaient FACILEMENT 13 ou 14 enfants. Malgré tout, lorsqu'elles voient tous les gadgets « techno » qui existent aujourd'hui pour faciliter la vie des parents et des enfants, elles doivent bien rire de nous voir paniquer à l'idée d'avoir plus d'un enfant! N'oublions pas que les couples qui n'ont qu'un seul enfant comptent aujourd'hui pour 40 % de toutes les familles québécoises. Plusieurs facteurs expliquent le fait que le couple d'aujourd'hui a moins d'enfants.

D'abord, l'avènement de la contraception et de la possibilité de planifier les naissances a certainement eu un grand rôle à jouer dans la diminution du nombre d'enfants par famille. Je ne suis pas certaine que nos grands-mères auraient eu 13 et 14 enfants si la contraception avait existé à leur époque... Et ce, même si elles avaient eu accès aux mêmes gadgets que nous! Ensuite, l'accès à l'éducation et l'amélioration de la situation professionnelle des femmes font en sorte que nombreuses d'entre elles ont maintenant des carrières qui peuvent parfois retarder le moment où elles sont prêtes à avoir leur premier enfant.

En fait, au cours des dernières décennies, nous avons assisté à une diminution de la disponibilité des parents et à une augmentation du stress relié à la conciliation travail-famille. De plus, il y a maintenant plus d'instabilité du côté de la vie professionnelle et de celui de la vie de couple. De nos jours, une personne peut changer plusieurs fois d'employeur et même de carrière au cours d'une vie professionnelle. Parfois, c'est par choix et à d'autres moments, c'est à cause de la précarité des emplois. Comme plusieurs parents désirent une stabilité de couple et une stabilité professionnelle avant de prendre la décision d'avoir un premier ou un deuxième enfant, ils attendent donc un peu plus tard avant de concevoir leur premier enfant. Il ne reste souvent plus, à ce moment, assez d'années de fécondité pour faire 13 ou 14 rejetons.

Un sondage a été réalisé en 2004 par l'Institut Vanier de la famille auprès de familles canadiennes. Voici, par ordre d'importance, la liste des facteurs qui influencent le nombre d'enfants dans la famille :

- la qualité de la relation de couple;
- la situation financière;
- la santé;
- la perception qu'un seul enfant suffit;
- la fatigue, physique ou psychologique, qu'entraîne la venue d'un premier enfant difficile à élever, malade ou handicapé;
- l'âge;

- les exigences professionnelles des deux parents;
- l'infertilité;
- l'endroit où l'on vit (l'exiguïté du logis, le manque de services dans certaines régions ou la solitude des couples qui habitent loin de leurs familles ou de leurs amis);
- la malchance (incapacité de concevoir un deuxième bébé sans raison médicale connue).

Si, malgré tous ces facteurs, vous avez pris la décision d'avoir un deuxième enfant… Si vous avez déjà préparé votre aîné selon les conseils du présent chapitre… vous devez sûrement vous demander comment prévenir la rivalité et la jalousie entre les deux frères et / ou sœurs, et comment y réagir si elles se développent malgré toutes les précautions prises. Eh bien, rassurez-vous. C'est l'objet du prochain chapitre!

CHAPITRE 5

La rivalité… devoir partager l'attention et l'amour des parents

Bébé est enfin arrivé! Vous avez suivi les judicieux conseils du chapitre précédent pour préparer votre aîné à ce grand changement. Vous avez tout de même l'intuition que ce ne sera pas suffisant pour éviter toute rivalité dans la relation fraternelle qui se développera entre vos enfants? Votre intuition est tout à fait juste! La rivalité entre frères et sœurs est NORMALE… jusqu'à un certain point, bien sûr!

S'adapter aux changements

Il ne faut pas vous oublier vous non plus…. Vous aussi devrez vous adapter aux changements de rôles associés au fait de passer de l'état de parent de un enfant à parent de deux enfants. Parfois, nourrir bébé tout en tentant de jouer avec votre aîné peut vous donner envie de vous faire pousser un troisième bras! Ne soyez pas trop perfectionniste et attendez-vous à de petites périodes de désorganisation temporaire que je vous suggère fortement d'accepter avec humilité et humour! Dans ces moments, dites-vous que ce n'est qu'une question de temps avant de trouver vos propres petits trucs pour favoriser le calme, l'équilibre et l'harmonie familiale. Lorsque vous les aurez trouvés, vous serez très fier de vous et vous vous sentirez comme un champion… puis les enfants changeront de stade de développement, n'auront plus les mêmes besoins et vous devrez vous adapter à nouveau… Ainsi va la vie familiale! C'est une constante évolution et une constante adaptation, et c'est ce qui fait toute sa beauté… mais je dois avouer que cela prend une bonne dose de philosophie!

Un bon conseil pour vous, en tant que parent, afin que vous puissiez mieux vous adapter à cette nouvelle vie : entourez-vous de membres de la famille élargie ou d'un réseau social vous permettant d'avoir du répit de temps à autre et réservez-vous du temps pour vous ressourcer. Cela ne prévient pas tous les problèmes, mais lorsqu'il en survient, cela aide à prendre le recul nécessaire pour trouver des solutions.

Réactions possibles de l'aîné... même durant la grossesse

Tel que mentionné au chapitre précédent, pour certains enfants, l'adaptation se fait instantanément, alors que pour d'autres, c'est plus difficile. Certains enfants réagissent moins bien aux changements et à la nouveauté... disons qu'un nouveau petit frère ou une nouvelle petite sœur, c'est tout un changement et toute une nouveauté! Certains enfants deviendront insécures, d'autres agressifs et irritables, alors que d'autres encore adopteront des comportements de « régression ». Par exemple, l'aîné pourra se remettre à avoir besoin de couches, à parler en bébé, redemander sa sucette, ou encore demander de boire son lait dans un biberon alors qu'il est capable de le boire dans un gobelet. Il faut dire qu'en voyant bébé recevoir toute cette attention et tous ces soins, il peut être tentant pour l'aîné de redevenir un petit bébé! Les comportements de régression ne sont pas nécessairement un processus conscient et peuvent survenir à la suite d'autres événements que celui de l'arrivée d'un nouvel enfant dans la famille (traumatisme, événement stressant, etc.).

L'insécurité amenée par la peur de perdre sa place dans la famille peut amener l'aîné à vouloir dormir avec ses parents. C'est une façon de se sécuriser et de retrouver sa place auprès d'eux. Il peut également rejeter ouvertement son cadet. Ne vous surprenez donc pas si votre plus vieux a le culot de dire un jour de son frère « Je le déteste », « Il est laid » ou encore « Est-ce qu'on peut le retourner à l'hôpital? » Il pourrait même se montrer agressif envers bébé. Il n'est pas rare de voir des petits frères ou des petites sœurs avec une ecchymose, ou un petite égratignure. Il peut aussi diriger cette agressivité vers d'autres cibles. Par exemple, il est possible que le chien de la famille subisse quelques brusqueries, ou que les amis de la garderie se fassent taper ou mordre... Il est également possible que fiston ou fillette développe de nouveaux comportements inadéquats pour retrouver votre attention qu'il a l'impression d'avoir perdue... C'est ce que j'appelle des « petites bêtises ». C'est peut-être le moment où il se décidera à faire ses plus beaux dessins sur les murs, ou encore à dérouler complètement le rouleau de papier de toilette dans la salle de bain!

Des auteurs ont même remarqué que ces réactions chez l'aîné peuvent survenir avant la naissance… un peu comme s'il sentait déjà la présence et l'importance de bébé qui est encore dans le ventre de maman.

Si l'une des situations décrites survient, il ne faut surtout pas paniquer. Si l'aîné réagit mal au départ, dites-vous que vous avez un pouvoir de prévention et d'intervention en tant que parent : celui de faciliter l'adaptation de votre aîné, de le valoriser dans son nouveau rôle de grand frère ou de grande sœur. Toutefois, ne tombez pas dans le piège de lui mettre trop de pression en lui donnant un rôle de petit adulte et en lui disant « Sois donc raisonnable, c'est toi le grand frère », ou encore « Donne l'exemple à ta petite sœur! » N'oubliez pas que même s'il est l'aîné, il est également encore un enfant qui a bien plus le goût de s'amuser et de penser à lui que d'être raisonnable.

Solutions par rapport à la rivalité montante entre deux membres d'une même fratrie

Accepter et valider les sentiments négatifs de l'aîné

Si votre aîné éprouve de la difficulté à accepter l'arrivée de bébé, ne banalisez pas ses émotions et surtout, ne le réprimandez pas pour cette réaction. En fait, vous devez voir cette attitude comme l'expression d'une détresse, d'une insécurité, et ce, même si elle se manifeste sous forme de rejet et d'agressivité. Tentez de vous montrer à l'écoute de votre grand garçon ou de votre grande fille en validant ses émotions, en lui disant qu'il est tout à fait normal de se sentir ainsi. Si vous avez vous-même eu un petit frère ou une petite sœur, vous pouvez partager avec lui la façon dont vous aviez réagi à ce changement dans votre vie. Enfin, si votre enfant n'est pas encore rendu au stade des grandes discussions philosophiques sur ses émotions ou sur votre passé, donnez-lui la chance d'exprimer ses sentiments à travers le jeu. Ainsi, il peut être bon de laisser l'aîné s'amuser avec une poupée. Souvent, les enfants peuvent s'imaginer qu'elle est le petit frère ou la petite sœur, ce qui leur permet de laisser aller leurs émotions avec elle. Certains imiteront leurs parents dans les soins qu'ils donnent au bébé, d'autres disputeront leur poupée, ou encore la mettront de côté… Laissez-le libre de jouer comme il le veut bien afin qu'il puisse exprimer librement ses émotions… à condition que sa façon de jouer avec celle-ci n'est pas de la lancer sur le VRAI bébé!

Favoriser et valoriser l'autonomie

Si vous avez bien lu le chapitre 4, vous savez maintenant que plus l'aîné se sentira autonome, moins il sera dépendant de ses parents, moins il aura de chances de se sentir en compétition avec frérot ou soeurette pour l'attention de ses parents.

Si vous avez confiance en mes conseils, vous aurez déjà commencé à favoriser le développement de l'autonomie de votre aîné avant même que le second enfant naisse. Mais pour certains, cette préparation avant l'arrivée de bébé ne sera pas suffisante et il faudra persévérer après la naissance

Il existe plusieurs façons de favoriser l'autonomie d'un enfant. Toutes les routines et les tâches qu'il peut apprendre à faire peuvent être illustrées sur des affiches à l'aide de pictogrammes. Au début, vous pouvez accompagner votre enfant pour l'encourager sans lui mettre de pression pour réussir. Des petites comptines ou des petites chansons peuvent également l'aider à intégrer dans sa mémoire les différentes étapes des routines qu'il doit apprendre. Des petits programmes de renforcement positif peuvent le motiver à collaborer. Un calendrier sur lequel on apposera des collants pour souligner les petits succès peut facilement être utilisé et constituera un repère visuel pour l'enfant.

Montrez-vous patient et attendez-vous aux erreurs... l'apprentissage est parfois graduel. Si vous accompagnez l'enfant dans ses différentes routines, il sentira que vous lui accordez de l'importance. Par contre, si vous vous montrez impatient et exigeant, son estime de soi en sera diminuée. Parlez à l'enfant et apprenez-lui les choses comme vous auriez aimez qu'on le fasse avec vous.

Impliquer l'enfant dans les soins à prodiguer au bébé

Surtout, ne tombez pas dans le piège de surprotéger bébé par rapport à son grand frère ou sa grande sœur. Si vous empêchez les contacts entre le cadet et l'aîné de peur que ce dernier lui fasse mal, il n'apprendra jamais comment interagir avec lui. Tentez plutôt de favoriser les contacts supervisés durant lesquels vous apprendrez à fiston ou à fillette comment interagir avec bébé. Ces séances d'interactions positives favoriseront le lien d'attachement entre eux et le développement d'un intérêt chez l'aîné envers le petit… Par la suite, vous pourriez même lui demander de vous aider dans les soins à prodiguer au bébé : lui donner sa sucette, participer à la routine du dodo en le bordant ou en chantant une berceuse à frérot ou soeurette… tout dépend de l'âge de l'aîné, bien entendu. En constatant que vous appréciez son aide, il aura découvert une nouvelle façon de plaire à papa et à maman et d'obtenir leur attention. Dans un contexte où il pourrait avoir l'impression de risquer de perdre cette attention, il sera sûrement motivé à bien répondre à votre invitation à vous aider. Tous les enfants veulent plaire à leurs parents, mais souvent, ces derniers oublient de leur donner le mode d'emploi… les attentes des parents ne sont pas toujours claires! Adoptez une approche positive en vous concentrant sur les bonnes attitudes de votre aîné et en l'orientant vers des comportements souhaitables plutôt que d'anticiper ses mauvais coups et de vous concentrer seulement sur sa tendance à la rivalité. Ainsi, votre grand ne tardera pas à se sentir compétent, important et valorisé par l'aide qu'il vous apportera dans les soins à prodiguer à bébé. De plus, les interactions avec bébé lui feront découvrir qu'il a toutes sortes de besoins que lui n'a plus, ce qui mettra l'accent sur la différence d'âge et de développement qui existe entre eux. Cela pourrait contribuer à diminuer le sentiment de compétition… à condition de lui accorder tout de même sa dose d'attention dont il a toujours besoin, malgré son statut d'aîné.

Accorder des privilèges de grand frère et de grande sœur

Parlant de l'attention dont l'aîné a toujours besoin… voici justement une bonne façon de lui accorder. Lorsque bébé fait une sieste, avant d'en profiter pour sortir les vidanges ou pour faire une brassée de lavage, profitez de ce moment pour faire une petite activité avec l'aîné. Par exemple, vous pourriez lui dire que parce qu'il vous a bien aidé en chantant une petite berceuse pour son petit frère, vous avez maintenant le temps de faire un coloriage avec lui. Choisissez une activité que le cadet ne peut pas faire, ce qui vous permettra de dire à l'aîné qu'il est chanceux de pouvoir faire des choses que bébé ne peut pas faire.

Ainsi, il découvrira que même si bébé a des soins et des petites attentions que lui n'as pas, il profite tout de même d'avantages en étant l'aîné. Bébé n'a pas accès à certains privilèges auxquels lui a droit! Attention… au fur et à mesure qu'ils grandiront, la différence d'âge se fera moins sentir et ces privilèges de grand frère et de grande sœur pourraient rendre le cadet jaloux. Vous devrez avoir moins souvent recours à cette stratégie avec le temps. Il existera cependant toujours des inégalités dues à la différence d'âge. L'aîné aura des permissions que le plus jeune devra attendre avant d'obtenir. Par exemple, le plus vieux aura son permis de conduire avant le plus jeune, il pourra sûrement se coucher un peu plus tard. Par contre, il sera le premier à avoir des devoirs et des leçons, pendant que son petit frère ou sa petite sœur pourra jouer encore quelque temps avant de faire son entrée à la grande école. Bref, il y a des avantages à être l'aîné et des avantages à être le cadet. Lorsqu'un des deux se montre jaloux du statut de l'autre, faites-lui penser aux avantages de son propre statut.

Lui faire sentir que bébé l'aime et s'attache à lui

Lorsque vous laisserez l'aîné interagir avec bébé sous votre supervision, ou encore lorsqu'il vous aidera à donner certains soins, tentez de remarquer les réactions positives de bébé envers son grand frère ou sa grande sœur. Faites remarquer ces réactions à l'aîné et expliquez-lui qu'elles signifient que son petit frère ou sa petite sœur l'aime et s'attache à lui (ou à elle). Expliquez-lui qu'il peut reconnaître le son de sa voix, son odeur, la forme de son visage… et lorsque bébé commencera à interagir un peu plus et à rire, il ne serait pas surprenant de voir le grand frère ou la grande sœur faire son bouffon pour l'amuser un peu! Il ou elle découvrira ainsi que non seulement bébé ne lui a pas volé tant d'attention de ses parents, mais qu'il peut également lui en donner directement.

Jouets et moments exclusifs

Les deux enfants peuvent avoir des jouets communs afin d'apprendre à partager. C'est ce que plusieurs parents prônent… mais n'oubliez pas comment vous vous sentiriez si, tout à coup, vous deviez TOUT partager avec un nouveau venu : votre maison, vos bons vins, votre nouvelle voiture… votre conjoint(e)! Bon d'accord, je pousse un peu l'exemple à l'extrême, mais je veux que vous puissiez comprendre comment un enfant peu se sentir lorsqu'on lui dit que du jour au lendemain, ses parents sont également les parents d'un autre, que sa maison est également la maison d'un autre, et que tous ses jouets (même ses préférés) sont également les jouets d'un autre… pas facile à accepter! Idéalement, chaque enfant devrait pouvoir avoir quelques jouets exclusifs qu'il n'est pas obligé de partager afin de pouvoir jouer seul et avoir un sentiment qu'on respecte ses biens les plus chers. Cela sécurisera l'aîné et, aussi bizarre que cela puisse paraître, cela pourrait l'amener à partager même les jouets qu'il n'est pas obligé de prêter. En effet, s'il sent qu'on le respecte et qu'on respecte ses biens, il pourrait moins ressentir le besoin de protéger jalousement ce qui lui appartient. Évidemment, si fiston ou fillette démontre une telle grandeur d'âme, il faudra le souligner avec enthousiasme en lui montrant que vous êtes fier de lui ou d'elle.

Il en va de même pour le partage de l'attention des parents, qui devrait être réparti de façon équitable pour les enfants. Dans une famille, chaque enfant devrait pouvoir passer du temps :
- avec toute la famille (ex. : activité familiale, repas, etc.);
- seul (ex. : lire ou jouer tranquillement aux Légos dans sa chambre);
- exclusivement avec papa;
- exclusivement avec maman.

Évidemment, comme papa et maman ne peuvent se diviser en quatre, plus la famille est nombreuse, plus les deux derniers points de ma liste sont rares. Ils peuvent tout de même être assez réguliers pour faire en sorte que les enfants soient rassurés sur le fait que leur tour d'avoir l'attention exclusive de papa ou de maman viendra bientôt… ne serait-ce que lors de la routine du dodo!

Comprendre la différence entre égalité et équité

Vous ne pouvez pas traiter votre enfant de 2 ans comme vous traitez celui de 5 ans… Ils n'ont pas les mêmes besoins puisqu'ils ne sont pas au même niveau de développement. La maturité, la personnalité, le tempérament et les intérêts différents de deux enfants dans une même famille obligent souvent les parents à les traiter différemment. Il arrive que les parents se sentent coupables de cette situation alors qu'en fait, ils ne font que tenter d'individualiser leur approche pour chacun de leurs enfants… C'est ce que je fais moi-même avec chacun de mes jeunes clients!

Il existe une différence entre traiter les enfants de façon égale ou identique et traiter les enfants de façon équitable. L'important, pour un enfant, c'est que ses parents soient équitables, c'est-à-dire qu'ils soient autant à l'écoute des besoins de l'un que de l'autre… même si ces besoins peuvent être forts différents. Sachez que le manque d'équité et le favoritisme dans l'attitude des parents peut avoir des effets dévastateurs sur les enfants. Certains chercheurs ont découvert qu'une plus grande hostilité parentale à l'égard d'un des enfants par rapport aux autres de la fratrie pouvait permettre de prédire le développement de comportements de délinquance chez cet enfant deux ans plus tard (Conger & Conger, 1994). D'autres études sont arrivées à des résultats similaires, démontrant que l'injustice dans l'éducation des enfants d'une fratrie menait à des conséquences négatives telles que l'augmentation des conflits entre frères et sœurs et le développement de problèmes affectifs chez l'enfant victime de cette injustice (Brody, Stoneman & Burke, 1987; Bryant & Crockenberg, 1980; Stocker, Dunn, & Plomin, 1989). Enfin, d'autres auteurs sont arrivés à la conclusion qu'il valait mieux éviter de comparer les membres de la fratrie en ce qui concerne leur apparence, leurs accomplissements ou leurs différentes habiletés (Leung & Robson, 1991).

Afin de vous aider à atteindre cette équité et cette justice dans vos attitudes parentales, n'oubliez pas que votre plus jeune devra apprendre à se responsabiliser et à devenir autonome, tout autant que votre aîné est encore un enfant même s'il est le plus vieux de vos enfants. Autrement dit, il faut éviter de sur-responsabiliser l'aîné et de surprotéger le bébé… c'est un équilibre parfois difficile à atteindre, mais c'est réalisable lorsque l'on s'arrête pour réfléchir à nos attitudes en tant que parent plutôt que de se laisser porter par les événements de la vie familiale.

Tout pourrait très bien se passer!

Malgré tous les conseils prodigués pour gérer la rivalité fraternelle, il ne faut pas penser que ce problème est grave et intense dans toutes les familles. En fait, dans plusieurs cas, tout se déroule très bien! On dit parfois que les psy « cherchent les bibittes », c'est-à-dire qu'ils sont tellement habitués à aider les autres avec leurs problèmes qu'ils voient parfois des problèmes là où il n'y en a pas! Sachez que je m'efforce éperdument de ne pas tomber dans ce piège! C'est d'ailleurs la raison pour laquelle j'ajoute la présente section à ce chapitre. Il existe de nombreuses familles où ce n'est pas de la rivalité qui se développe entre frères et sœurs, mais plutôt de la complicité.

Je dirais même que la présence d'un deuxième enfant dans une famille peut faciliter le rôle des parents car l'attention de l'aîné peut se tourner vers le petit frère ou la petite sœur, ce qui a pour effet de libérer les parents. J'ai rencontré plusieurs couples qui anticipaient avec angoisse la façon dont ils arriveraient à gérer l'arrivée d'un deuxième enfant... Quelle ne fût pas leur surprise de constater que la venue au monde du cadet se traduisait par le bonheur de l'aîné, qui avait maintenant son égal dans la famille... un autre enfant! Souvenez-vous du chapitre sur les enfants uniques (chapitre 3). Être le seul enfant avec deux adultes n'est pas toujours facile. Avoir un frère ou une sœur permet d'avoir quelqu'un à qui se confier, avec qui être complice et solidaire lors de désaccords avec les parents, lors d'événements familiaux stressants comme les conflits ou la séparation des parents, ou encore le décès d'un grand-parent. De plus, il peut être plus amusant de jouer avec un autre enfant qu'avec un adulte qui comprend mal la manette du nouveau PlayStation!!!

Songez aux enfants uniques et à tous les défis que leur statut leur présente (même s'ils ne sont pas insurmontables). Songez à l'entraide qui peut parfois exister entre les membres d'une même fratrie. Songez au soutien que peuvent s'offrir frères et sœurs et aux tâches qu'ils peuvent partager lorsque les parents vieillissent et sont en perte d'autonomie… Vous ne regretterez pas d'avoir eu deux enfants (ou plus), et ce, même si ce n'est pas toujours l'harmonie totale entre eux!

De toute façon, leurs conflits ont plusieurs fonctions et leur permettront d'évoluer… C'est ce dont il sera question dans le prochain chapitre.

CHAPITRE 6

La colère et les conflits dans la fratrie... est-ce normal?

Même si vos enfants sont, de façon générale, plus complices que rivaux, les conflits entre eux sont inévitables. Malgré le fait que certaines études font ressortir que la majorité des interactions fraternelles sont positives (Newman, 1994; Prochaska & Prochaska, 1985), les conflits ne sont ni rares ni toujours bénins entre les membres d'une fratrie. Si on se concentre davantage sur la documentation scientifique à ce sujet, on peut découvrir que la fréquence des conflits observés dans les relations fraternelles pouvait aller jusqu'à huit fois par heure (Berndt & Bulleit, 1985; Dunn & Munn, 1986b). D'autres chercheurs ont observé (avec des familles choisies au hasard, incluant des enfants entre l'âge préscolaire et l'adolescence) que même si la plupart des conflits fraternels sont légers (ex. : taper, bousculer), sur une période de un an, 42 % des enfants avaient reçu des coups de pied, avaient été mordus ou avaient reçu un coup de poing d'un membre de leur fratrie (Straus, Gelles, & Steinmetz, 1980).

Éviter les conflits à tout prix?

Surtout, ne tentez pas à tout prix d'éviter les conflits entre vos enfants, car ils ont une fonction! Aussi surprenant que cela puisse l'être, la colère et les conflits permettent d'apprendre à s'affirmer et à prendre sa place... à condition qu'ils soient bien gérés, et c'est là que se situe le défi pour les parents!

Parce que de plus en plus de parents deviennent perfectionnistes dans leur rôle parental, on dirait parfois qu'il ne faudrait jamais que les enfants soient en colère ou en conflit les uns avec les autres. En fait, de nos jours, la colère est une émotion de moins en moins bien acceptée. C'est comme s'il ne fallait plus l'exprimer, pour être politiquement correct. Il suffit d'observer la réaction des gens lorsqu'un enfant de 3 ans fait une crise de colère à l'épicerie du coin ou dans un restaurant!

Or, qu'on le veuille ou non, la colère et les conflits font partie de la vie! Et, quand on est un enfant, savoir les gérer constitue tout un apprentissage, puisque ce n'est pas inné. Donc, au lieu de percevoir la colère et les conflits comme quelque chose à proscrire absolument, les parents devraient les percevoir comme des opportunités d'apprentissage pour leurs enfants. Vous m'avez bien compris! Si vos enfants se chicanent, ne culpabilisez pas en vous disant que vous êtes un mauvais parent parce que vos enfants n'arrivent pas à s'entendre. Dites-vous plutôt : « Bon! Voilà l'occasion de leur apprendre un peu comment se calmer et résoudre un conflit ».

Le rôle de la colère

Tout le monde vit de la colère et elle a une fonction bien précise. En fait, chez les adultes, il faut voir un début de colère comme un signe que quelqu'un ou quelque chose dépasse nos limites. C'est donc une émotion saine qui sert à nous protéger contre les abus. Par contre, si nous la refoulons pour faire comme si elle n'existait pas, ou si nous explosons de façon impulsive, cette colère ne sert plus à grand-chose. La colère est donc une émotion saine, à condition de savoir quoi en faire et de bien l'exprimer… Ce que les jeunes enfants ne savent pas faire.

Lorsque le petit frère abîme la poupée de sa grande sœur et que cette dernière pique une crise en le menaçant de lui arracher la tête, il ne faut surtout pas paniquer! La jeune fille est tout à fait normale et a simplement besoin de savoir comment mieux réagir la prochaine fois.

Dans les thérapies de gestion de la colère pour les adultes, on apprend aux gens à identifier leur perception d'une situation qui les a mis en colère et à évaluer si leur perception était juste ou exagérée. Si cette tâche est difficile pour un adulte, imaginez pour un enfant!

Il est très ardu de remettre en question nos pensées et nos interprétations qui sont à la source de notre colère… Or, des erreurs d'interprétation, les enfants en font plein, eux aussi. Selon leur tempérament et la façon dont leurs parents leur apprendront à gérer la colère, ils développeront une tendance vers l'un des deux pôles ou deux extrêmes suivants :

- le pôle passif : respecter les autres au détriment du respect de soi;
- le pôle explosif : se faire respecter au détriment du respect des autres.

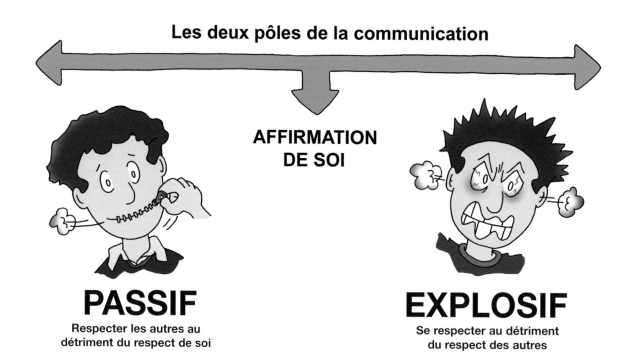

Les deux pôles de la communication

AFFIRMATION DE SOI

PASSIF
Respecter les autres au détriment du respect de soi

EXPLOSIF
Se respecter au détriment du respect des autres

Les enfants dont les parents auront interdit toute forme d'expression de la colère risquent de tendre éventuellement vers le pôle passif. Ils développeront la perception que la colère est une émotion inacceptable et laide. Donc, lorsqu'une situation les dérangera ou qu'ils sentiront qu'on les abuse, ils n'oseront parfois même pas affirmer leur désaccord, de peur de déplaire ou de manquer de respect aux autres. Ce sont les gens qui éprouvent des difficultés à dire « non ».

De leur côté, les enfants dont les parents ne leur auront pas appris comment bien exprimer leur colère, ou dont les parents auront souvent acheté la paix lors de crises, risquent de tendre éventuellement vers l'autre extrême, c'est-à-dire le pôle explosif. Ils auront appris que l'expression explosive de leur colère leur permet souvent d'obtenir ce qu'ils veulent et même parfois leur donne la perception d'être respecté par les autres. Vous remarquerez ici que j'ai utilisé le terme « perception ». Ce n'est pas sans raison. En effet, il ne faut pas confondre être respecté et être craint par les autres. Dans le premier cas, les gens sont conciliants avec nous parce qu'ils nous apprécient et probablement parce que nous nous montrons nous-mêmes conciliant envers eux. Dans le deuxième cas, les gens sont conciliants avec nous par peur de notre réaction, mais certainement pas parce qu'ils nous respectent. En fait, il se peut fort bien que, malgré les signes de soumission qu'ils nous montrent, ils manifestent des signes de haine dès que nous avons le dos tourné!

La réaction idéale et le juste milieu entre les deux extrêmes est l'affirmation de soi, qui consiste à se faire respecter tout en respectant les autres. C'est ce que tous les adultes qui souhaitent vivre des relations harmonieuses avec les autres devraient viser comme attitude et c'est ce que tout parent devrait tenter de développer chez son enfant. Ainsi, une personne qui s'affirme correctement est une personne qui sait reconnaître les signes de sa propre colère, identifier la cause de sa colère, et l'exprimer respectueusement à la personne concernée sans l'attaquer et surtout, en s'orientant vers les solutions au problème. Si vous avez bien lu ce paragraphe, la personne qui s'affirme adéquatement VIT de la colère, la RECONNAÎT lorsqu'elle monte en elle, et l'ACCEPTE. Elle l'accepte à un tel point qu'elle s'en sert de façon constructive pour résoudre un problème qui aurait pu s'aggraver avec le temps.

Si cela vous semble utopique pour un adulte, imaginez comment on peut être exigeant envers les enfants lorsqu'on leur demande de ne pas se mettre en colère! Donc, avant de vouloir diminuer les conflits entre vos enfants, commencez par accepter le fait que la colère, qui est souvent à la source des conflits, est une émotion normale, saine, et acceptable, même chez les enfants! Pour ce faire, il faudrait également accepter votre propre colère et travailler à mieux l'exprimer... afin d'être un modèle plus positif pour vos enfants, un modèle de relation saine et de résolution efficace de conflit... Une maman qui boude son mari n'est pas un modèle très positif! N'oubliez pas que le « Fais ce que je te dis, ne fais pas ce que je fais » n'a jamais été une stratégie d'éducation très efficace!

Le rôle des conflits

Dans une relation entre deux personnes, les conflits servent à clarifier une situation, à résoudre une situation problématique où l'une des deux personnes se sent brimée et à arriver à mieux se comprendre et à faire évoluer la relation. Vus sous cet angle, les conflits sont très utiles et pourtant, la plupart d'entre nous les fuyons comme la peste! En fait, nous avons en partie raison de vouloir fuir les conflits car la plupart d'entre nous n'ont pas appris la manière de les résoudre de façon efficace. C'est pourquoi les conflits ont souvent des conséquences négatives : bouderie de plusieurs jours, regrets, sentiment de culpabilité, rupture, séparation, etc.

Si vous avez déjà résolu un conflit de façon efficace, rappelez-vous des résultats… Vous avez sûrement commencé par ressentir un soulagement, ensuite vous avez appris à mieux connaître les attentes de la personne avec qui vous avez eu ce conflit et cette dernière a également appris à mieux vous connaître et à mieux vous respecter. Il en a même probablement résulté un certain rapprochement entre vous.

Or les premiers conflits que vos enfants vivront seront sûrement avec les membres de leur fratrie. Si, au nom d'une sacro-sainte harmonie familiale, vous tentez à tout prix d'éviter les conflits entre eux, vous les priverez de ce merveilleux apprentissage qu'est la gestion de la colère et la résolution de conflits! Pourtant, les effets peuvent être si bénéfiques… et pas seulement entre frères et sœurs : dans toutes les relations que vos enfants développeront dans leur vie : amis, autorité, vie professionnelle, famille, conjoint, belle-famille…

En fait, la fratrie constitue souvent le premier terrain de « pratique » de la gestion de la colère et de la résolution de conflit. Plus vous permettez à vos enfants de ne pas être en accord, de se disputer et d'avoir des conflits, plus vous augmentez leurs chances d'éventuellement se rapprocher et se respecter… à condition d'être présent pour « arbitrer » les conflits. Ce qui est une tâche considérablement exigeante pour les parents… Il est bien plus facile d'interrompre le conflit en tranchant pour eux ou de laisser aller les choses en espérant que les enfants trouvent un jour par eux-mêmes le « truc » pour mieux s'entendre.

Petit à petit, au fur et à mesure qu'ils prendront de la maturité, ils développeront des habiletés de raisonnement et de communication qui les aideront à mieux résoudre leurs conflits. Ainsi, avec votre aide, ils apprendront à s'affirmer, ce que les enfants uniques peuvent parfois tarder à faire si leurs parents ne trouvent pas un moyen de les faire socialiser et apprendre à partager à un jeune âge.

Le rôle des parents

Si les conflits sont inévitables et même souhaitables, vous devez comprendre qu'en tant que parent, vous agirez tel un guide dans la gestion de la colère et la résolution de conflits afin que ces derniers de deviennent pas trop destructeurs.

Comment y arriver concrètement? C'est ce dont il sera question dans le prochain chapitre.

CHAPITRE 7

L'intervention en cas de conflit

Vous venez tout juste d'apprendre que vous devez accepter les conflits entre vos enfants... mais cela ne vous dit pas comment vous devriez y réagir! Dans ce chapitre, vous apprendrez comment prévenir les conflits fraternels chez vos enfants et quel est votre rôle de parent lorsqu'ils surviennent malgré tout.

PRÉVENTION

Les parents en tant que modèles

De nombreuses études ont fait ressortir l'association entre les désaccords entre les parents sur l'éducation des enfants et les problèmes de comportements chez leurs enfants (ex. : Dadds & Powell, 1991; Johnston & Behrenz, 1993; Jouriles, Murphy, Farris, Smith, Richters & Walters, 1991).

Plus spécifiquement, les désaccords entre les parents sur la façon de résoudre les conflits entre les enfants font en sorte que ces derniers rejettent l'autorité parentale centrée sur la résolution de conflits (Reid & Donovan, 1990). Cela veut donc dire que si vous ne vous entendez pas sur les méthodes d'éducation de vos enfants et que ces derniers le ressentent, votre crédibilité et votre autorité parentale seront diluées à leurs yeux. C'est pourquoi de nombreux psychologues insistent sur l'importance de la clarté des attentes et des consignes parentales envers les enfants, de la cohérence entre les attitudes des deux parents, et de la constance de l'encadrement et des interventions.

De plus, les conflits entre les parents, peu importe le sujet du conflit, lorsqu'ils se produisent sous les yeux des enfants, donnent un modèle d'opposition fraternelle à ces derniers (Emery, 1982). Cela veut dire que les enfants auront comme modèle relationnel des parents qui sont en opposition et en conflit ouvert. Ce modèle relationnel conflictuel risque de se reproduire dans leurs relations fraternelles puisque c'est ce qu'ils observent chez leurs parents.

Les stratégies de résolution de conflits exposées dans ce chapitre s'appliquent à vous aussi en tant que parent! Tout ce que vous apprendrez à vos enfants en tant que médiateur dans leurs conflits, vous devrez l'appliquer vous-même dans votre relation de couple et vos autres relations interpersonnelles. Apprendre la résolution de conflits n'est donc pas seulement le devoir des enfants, mais aussi celui des adultes qui les entourent.

L'établissement de règles de conduite ou de règles de vie pour toute la famille peut vous aider à atteindre une meilleure cohérence dans vos attitudes parentales et vos interventions. Cela peut sembler une solution simple, mais concrètement, peu de parents prennent le temps de s'asseoir ensemble afin d'établir leurs attentes par rapport aux comportements des enfants, aux règles de vie et aux interventions parentales en réponse aux différents comportements des enfants, les positifs comme ceux qui sont inacceptables. Pourtant, cette petite mise au point entre les parents peut parfois faire des miracles! Voici des outils pour le faire. Prenez quelques minutes pour noter les résultats de vos discussions.

Règles de vie et attentes par rapport aux enfants

Ex. : Respect des autres et des biens.

_____

_____

_____

_____

_____

_____

_____

_____

_____

_____

_____

_____

_____

_____

_____

_____

Comportements défendus	Comportements de remplacement
Ex. : Frapper.	Ex. : Dire avec des mots ce que je n'accepte pas ou aller chercher un adulte pour m'aider à résoudre le conflit

Remise en question des mythes et croyances sur les relations fraternelles

En ayant lu les chapitres précédents de ce livre, vous avez maintenant beaucoup plus de connaissances sur les relations fraternelles. Afin d'en tenir compte dans votre nouvelle approche ayant trait à la résolution des conflits entre vos enfants, il est maintenant temps de remettre en question vos vieilles croyances sur les relations dans la fratrie. Voici un tableau résumant, dans la colonne de gauche, les différents mythes sur les conflits dans les relations frères-soeurs, et dans la colonne de droite, les faits réels. Utilisez le tableau de la page 76 pour inscrire les autres mythes auxquels vous croyiez avant la lecture du présent livre et l'information obtenue qui fait tomber ces mythes.

Mythes	Réalité
Je dois viser l'harmonie absolue dans la famille.	Impossible! Les conflits font partie de la réalité familiale. Ils sont une source d'apprentissage de résolution de problèmes, de communication et d'affirmation de soi.
Les conflits entre mes enfants sont dangereux pour leur développement.	Les conflits sont des occasions pour vos enfants d'apprendre à s'affirmer, à résoudre des problèmes interpersonnels et à prendre leur place… à condition qu'ils soient un peu aidés par leurs parents!
Quand mes enfants sont en conflit, cela signifie qu'ils ne s'aiment pas et que je suis un mauvais parent.	Tous les frères et sœurs ont des conflits, et ce, indépendamment des compétences parentales de leur père et mère. Avec la maturité, la plupart des enfants finissent par développer de saines relations fraternelles et même une belle complicité! En fait, il a été démontré que les membres d'une même fratrie peuvent se soutenir lors de difficultés familiales telles que la séparation des parents.
Les enfants doivent toujours régler leurs conflits entre eux.	Savoir résoudre un conflit n'est pas inné. Il s'agit d'un apprentissage qui demande du temps, de la maturité et l'aide des parents dans les premières années de vie.

Mythes	Réalité
Les parents doivent toujours intervenir le plus rapidement possible pour interrompre les conflits entre leurs enfants et punir sévèrement l'initiateur du conflit.	Le rôle des parents n'est pas d'interrompre les conflits entre leurs enfants mais bien d'agir en tant que médiateurs afin d'aider leurs enfants à résoudre leurs différends. Comment voulez-vous que les enfants apprennent la résolution de problèmes si chaque fois qu'un conflit éclate, il est interrompu par un parent qui vient les séparer et les mettre en punition?
Afin d'éviter la rivalité et les conflits entre eux, je dois traiter mes enfants de façon égale.	Puisque chaque enfant d'une même famille a son propre tempérament, son propre niveau de développement et ses propres besoins, il ne peut être traité de façon absolument égale à ses frères et sœurs. En fait, ce qu'il faut viser, c'est d'adapter vos attitudes parentales à chaque enfant que vous avez, d'éviter les comparaisons entre eux puisque chacun est unique et de tenter d'être équitable... Cela veut dire que chaque enfant doit avoir ses responsabilités et privilèges, qui peuvent être différents de ceux de ses frères et sœurs.
Je ne dois pas laisser mon aîné détester son petit frère ou sa petite sœur.	Lorsqu'un nouvel enfant arrive dans une famille, il est possible que l'aîné se sente menacé et ait peur de perdre sa place. Il peut alors dire des choses telles que : « Je déteste mon petit frère », ou encore « Je voudrais qu'il retourne dans ton ventre ». Rassurez-vous... Ces réactions sont normales et sont surtout le signe d'une insécurité par rapport au changement plutôt que le signe d'une réelle haine envers le cadet. Votre rôle est de valider et de reconnaître cette émotion chez votre enfant en le rassurant... surtout pas de le réprimander!

Vos mythes :	Information qui les défait :

Vos stratégies de prévention et d'intervention des conflits seront maintenant basées sur une perception plus réaliste du rôle des conflits dans la vie des enfants et sur votre rôle de parent dans la résolution de ces conflits.

Les situations à risque

Identifier les situations provoquant des conflits dans la famille permet ensuite de les éliminer ou, du moins, de mieux les gérer.

La gestion des conflits entre vos enfants sera simplifiée de beaucoup si les conflits sont moins nombreux ou moins fréquents. Pour arriver à diminuer leur nombre et leur fréquence, il est important de faire la liste des sources les plus importantes de conflits dans la famille et de trouver une solution pour chacune. Pour vous aider à le faire, voici quelques faits. Premièrement, les jouets. Plusieurs études ont permis de découvrir que les jouets provoquant le moins de conflits et favorisant la coopération entre frères et sœurs étaient les blocs, les petites voitures, les poupées, les jouets imitant les outils des parents (petites cuisines, aspirateurs, tondeuses…) et les balançoires (Quilitich & Risley, 1973; Stoneman, Cantrell & Hoover-Dempsey, 1983). D'un autre côté, les jouets provoquant le plus de conflits sont les matériaux fins de construction ou de bricolage, les casse-tête et les billes de couleurs pour la confection de bijoux, (Hendrickson, Strain, Tremblay, & Shores, 1982). Bref, les jouets permettant les jeux de rôles et de fantaisie (ex. : vaisselle, poupées) peuvent facilement être partagés, tandis que les objets devant être accumulés ou collectionnés sont difficilement partagés et sont sources de conflits.

Un autre auteur a fait la liste de différents objets et situations pouvant mener facilement à des conflits dans la fratrie (Sloane, 1988) :
- la compétition pour des jouets;
- la télévision;
- le téléphone;
- « qui sera le premier »;
- les désaccords à propos de « à qui le tour de faire telle tâche »;
- « à qui appartient ce jouet »;
- « à qui le tour d'avoir tel privilège ».

Cet article a été rédigé dans les années 1980, époque où il y avait beaucoup moins de foyers équipés de jeux vidéo et d'ordinateurs. Cela explique pourquoi l'auteur ne fait pas mention de ces objets... mais croyez-moi, je sais par expérience qu'ils créent énormément de conflits!

Les trois solutions principales pour éliminer ces sources de conflits sont :

- faire des listes ou des horaires des tâches et privilèges (ex. : faire un calendrier afin que chaque membre de la famille sache à quelle date qui devra faire quelle tâche);
- faire une liste des objets appartenant exclusivement à chaque enfant, donc des objets qui n'ont pas nécessairement à être partagés (ex : collection de modèles réduits du grand frère);
- limiter le temps d'utilisation des objets devant être partagés (ex. : téléphone, ordinateur, jeux vidéo).

Vous devez sûrement vous dire que j'oublie des objets, des situations et des solutions… mais souvenez vous que je ne suis l'experte que de la moyenne des enfants. Vous êtes l'expert de vos propres enfants et vous devez vous-même faire intervenir votre bon jugement dans la préparation de la liste des sources de conflits et des solutions pour chacune de ces sources. Voici un tableau pour le faire… consultez-vous entre parents et soyez créatifs! Si vos enfants sont d'âge scolaire, je vous encourage à les faire participer à la recherche de solutions.

Sources de conflits	Solutions

Parfois, la présence dans la famille d'un enfant particulièrement irritable ou colérique peut augmenter la fréquence des conflits fraternels. Si c'est le cas d'un de vos enfants, tentez de l'aider à mieux gérer sa colère au lieu de le réprimander, de le culpabiliser et de faire en sorte qu'il se sente comme le vilain petit canard.

Chez les enfants d'âge préscolaire, il peut y avoir une période normale durant laquelle l'enfant fera des crises de colère. Vous devinez sûrement que je parle du *terrible two*, qui sera plus intense chez certains enfants que chez d'autres, selon le tempérament. Sachez que dès cet âge, vos interventions peuvent aider l'enfant à apprendre à mieux gérer sa colère. À cet effet, je vous suggère de lire *Ah non! Pas une crise* de la même collection que le présent livre.

Lorsque l'enfant est en grosse crise de colère, le dialogue ne sert pas à grand-chose puisqu'il n'est pas dans un état pour écouter. La solution est d'ignorer la crise jusqu'au retour au calme. Puis, dès que l'enfant n'est plus en crise, le parent doit se réconcilier avec lui et le féliciter pour son retour au calme. Ainsi, l'enfant apprend la base de la gestion de la colère… les manifestations inadéquates de la colère diminuent parce qu'il se rend compte qu'elles ne lui apportent aucune attention des parents, et le retour au calme se fait de plus en plus rapidement, parce que c'est ce qui permet à l'enfant de retrouver l'attention et l'affection de son parent, qui n'étaient pas complètement disparues, bien entendu!

Lorsque l'enfant est un peu plus vieux, il atteint un niveau de développement qui lui permet de faire l'apprentissage de façons plus élaborées de gérer sa colère. Les parents peuvent l'aider à appliquer la méthode présentée dans les prochaines pages, qui se déroule en cinq étapes.

1. Trouver avec l'enfant ses « boutons de colères » : ce qui cause sa colère

Afin que l'enfant puisse mieux se préparer à gérer sa colère, il doit d'abord identifier ce qui la déclenche. Ainsi, il pourra plus facilement anticiper les situations où il devra utiliser ces nouveaux outils. Afin que les enfants comprennent mieux le principe des déclencheurs de colère, j'utilise le terme « boutons de colère ». Ceux-ci peuvent être, entre autres : lorsque quelqu'un prend ou brise ses choses, l'injustice, lorsqu'on lui donne un ordre, lorsqu'on lui impose un délai, lorsqu'on l'empêche de faire ce qu'il veut, lorsqu'on le critique, lorsqu'on l'interrompt... L'important, c'est qu'à l'aide de son parent, l'enfant puisse identifier des exemples concrets de boutons de colère, en se basant sur les événements de son récent passé.

Mes boutons de colère

_____

_____

_____

_____

_____

_____

_____

_____

_____

_____

_____

_____

_____

2. Reconnaître les signes de sa colère

Chaque enfant peut reconnaître ses propres signes de colère. Ces derniers peuvent être différents d'un enfant à l'autre. Il peut s'agir de pensées, d'émotions, de signes physiques et même de comportements. Ainsi, un enfant peut reconnaître qu'il est en colère lorsqu'il devient rouge, lorsqu'il crispe les poings, lorsqu'il ressent une boule dans le ventre, lorsqu'il a chaud ou qu'il tremble, lorsqu'il a envie de crier ou de pleurer, lorsqu'il entend le son de sa voix prendre du volume… Faire l'exercice d'identifier les signes de colère permet à l'enfant d'identifier plus rapidement cette émotion qui monte en lui et ainsi d'utiliser les outils pour l'aider avant que la colère n'échappe à son contrôle.

Les signes indiquant que je suis en colère

_____

_____

_____

_____

_____

_____

_____

_____

_____

_____

3. Faire une pause et réfléchir aux émotions cachées par la colère

Souvent, la colère cache d'autres émotions plus subtiles… par exemple, un enfant peut manifester de la colère lorsque l'on change sa routine parce que ce changement lui fait peur ou l'insécurise. D'autres états de colère peuvent cacher de la jalousie, de la tristesse, de la honte, de la déception, mais lorsque la colère est mal gérée, l'entourage ne voit que la colère. Pour identifier ces émotions plus subtiles, l'enfant doit être encouragé à prendre une pause et à réfléchir dès qu'il identifie les premiers signes de colère en lui. Il pourra alors se demander :

- « Que s'est-il passé pour que je sois en colère? »
- « Qu'est-ce que j'ai ressenti d'autre quand ça s'est produit? »

Afin de l'aider à identifier les émotions cachées par sa colère, vous pouvez mettre à sa disposition une charte des émotions avec des icônes illustrant les expressions faciales les représentant.

4. Être plus fort que la colère…

La colère peut parfois être une émotion forte, mais une fois que nous apprenons à en reconnaître les signes, nous avons le choix d'en faire ce que nous voulons bien. En fait, lorsque la colère est mal gérée et mal identifiée, les enfants peuvent y réagir de deux façons différentes :

- la refouler;
- la laisser exploser, la laisser les contrôler et adopter des comportements qu'ils regrettent par la suite.

Lorsque la colère est rapidement identifiée, l'enfant peut apprendre à l'utiliser comme un signe qu'il y a un problème pour lequel il doit tenter de trouver des solutions constructives, ou comme un signe qu'il y a un malentendu qu'il doit communiquer adéquatement. Pour cela, il faut faire une pause (encore une fois) pour laisser l'intensité de l'émotion diminuer un peu. On peut respirer, boire un verre d'eau, aller marcher, faire de l'exercice… L'important, c'est de prendre une distance par rapport à la source de la colère afin de revenir au calme et de mieux réfléchir à des solutions.

5. Agir

Réfléchir à des solutions, c'est bien, mais une fois qu'on est calme, on doit agir par rapport à ce qui a causé notre colère. La première étape peut être de se confier à un adulte ou à un ami en qui on a confiance. Si on décide de parler à la personne qui est directement à la source de notre colère, on peut alors utiliser les étapes de la résolution de problème, qui seront exposées un peu plus loin dans ce chapitre.

Malgré un niveau de développement avancé, certains enfants peuvent éprouver plus de difficulté à gérer leur colère que la moyenne des enfants de leur âge. Je pense entre autres aux enfants qui ont un tempérament plus difficile, ceux qui ont un niveau d'émotivité plus élevé et ceux qui sont aux prises avec un trouble du déficit de l'attention avec hyperactivité et impulsivité. Ces enfants peuvent bénéficier de l'apprentissage des cinq étapes de la gestion de la colère, mais vous devrez vous montrer patient et tolérant aux erreurs. L'apprentissage sera peut-être un peu plus long, mais tout aussi utile… sinon plus.

LORSQU'IL Y A CONFLIT

Quand les conflits éclatent tout de même… Que faire?

Même si je vous donne toutes sortes de trucs pour prévenir les conflits entre vos enfants, ils demeurent inévitables! Le but de faire une certaine prévention est de diminuer la fréquence et l'intensité des conflits afin qu'ils soient plus facilement gérables. Donc, si vous appliquez les stratégies proposées jusqu'à maintenant, vous aurez peut-être des enfants qui s'entendent mieux que la moyenne… mais que ferez-vous lorsqu'ils auront un conflit malgré tout?

Intervenir ou ne pas intervenir?… Telle est la question!

Plusieurs parents ne s'entendent pas sur le rôle qu'ils ont à jouer lorsque leurs enfants se disputent. Certains croient qu'ils doivent intervenir le plus rapidement possible pour mettre fin au conflit, parce que selon eux, les enfants ne peuvent y parvenir seuls et que les conflits non résolus peuvent avoir des impacts négatifs sur l'estime de soi. D'autres interrompent les conflits entre leurs enfants par souci de protéger le plus jeune des accès de colère de l'aîné. Enfin, d'autres encore croient que leurs interventions dans les conflits de leurs enfants pourraient priver ces derniers de belles occasions d'apprendre la résolution de problèmes… ils préfèrent donc lâcher prise et laisser les enfants s'organiser avec leurs chicanes.

En fait, la documentation scientifique nous apprend que l'attitude parentale idéale par rapport aux conflits fraternels est un juste milieu entre interrompre les conflits à tout prix et laisser les enfants se débrouiller seuls avec leurs conflits. Des études ont démontré que les conflits les plus destructeurs entre frères et sœurs peuvent parfois mener à de l'anxiété, une humeur dépressive, de l'agressivité, de la victimisation et des comportements délinquants (Bullock, Bank, & Burraston, 2002; Garcia, Shaw, Winslow, & Yaggi, 2000; Stocker, Burwell, & Briggs, 2002; Wolke & Samara, 2004). Pourtant, comme il en a été question dans le chapitre précédent, les conflits entre les membres d'une même fratrie ont une fonction… Il semble que durant leurs interactions conflictuelles, les enfants apprennent des habiletés importantes de négociation, ainsi que la capacité de se mettre à la place de l'autre et d'examiner différents points de vue (Foote & Holmes-Lonergan, 2003; Hartup, Laursen, Stewart, & Eastenson, 1988; Shantz & Hobart, 1989). De plus, il existe des preuves que la façon dont les conflits fraternels sont gérés influencera les futures relations de l'enfant avec ses pairs (Herrera & Dunn, 1997). Certains auteurs affirment ainsi que les conflits ne doivent pas être évités, mais plutôt gérés de façon constructive.

Le défi des parents est donc de trouver une façon d'aider leurs enfants à résoudre eux-mêmes leurs conflits de façon constructive, plutôt que d'imposer une solution toute faite aux enfants, ou de tout simplement les séparer lorsqu'ils se disputent.

Laisser les enfants s'organiser par eux-mêmes n'est pas une bonne solution non plus, puisque savoir résoudre un conflit n'est pas inné et que les enfants ont besoin d'être guidés par leurs parents pour apprendre à le faire. À ce sujet, des chercheurs ont observé que sans aucune aide des parents, les conflits fraternels se terminent souvent sans aucune résolution, ou encore avec la victoire écrasante d'un des enfants sur l'autre. En fait, moins de 12 % des conflits fraternels se terminent avec un compromis ou une réconciliation (Howe, Rinaldi, Jennings, & Petrakos, 2002; Raffaelli, 1992, 1997; Siddiqui & Ross, 1999).

Ce qui semble la solution la plus logique, c'est que le parent agisse en tant que médiateur dans les conflits de ses enfants (Siddiqui & Ross, 2004). C'est la façon la plus efficace d'aller chercher le meilleur des deux mondes. Mais qu'est-ce au juste qu'un parent-médiateur? C'est ce que vous apprendrez dans la section suivante!

Le parent-médiateur

La médiation est une façon très structurée de gérer un conflit. Une troisième personne, neutre, facilite la négociation et la recherche d'une solution constructive entre deux personnes qui se disputent (Johnson, Johnson, Dudley, Ward, & Magnuson, 1995). Ce qui est très important dans le processus de médiation, c'est que ce sont les personnes qui se disputent, et non le médiateur, qui détiennent le pouvoir de décision sur la façon dont le conflit se dénouera. Le rôle du médiateur est de faciliter une communication constructive entre les deux personnes en conflit afin qu'ils arrivent eux-mêmes à leur propre résolution. Des dizaines d'années de recherches sur les conflits entre adultes et entre enfants ont permis d'établir quatre grandes étapes dans un processus de médiation :

1. Le médiateur établit des règles de base qui limiteront les stratégies malhonnêtes, le manque de respect, la tendance entre les adversaires de se répliquer et d'entrer dans une escalade de colère.

2. Le sujet du conflit est clarifié… cela peut sembler banal, mais cette étape est souvent omise dans les conflits familiaux, ce qui fait en sorte que souvent, les membres de la famille ne s'entendent même pas sur le sujet de leur conflit. L'identification du sujet central du conflit permet d'avancer et de progresser dans la résolution de celui-ci.

3. Le médiateur tente de favoriser une meilleure compréhension entre les adversaires et de développer une attitude empathique entre eux. Cette étape est essentielle à la résolution du conflit, mais peut rarement être réalisée lorsque la colère est trop élevée.

4. Dans la dernière étape, les adversaires proposent, évaluent et choisissent une résolution… Cette étape dirige leur attention vers la planification de futures solutions plutôt que sur les blessures du passé. Les deux adversaires doivent se sentir satisfaits des solutions choisies, ce qui les force à considérer l'opinion et les sentiments de l'autre.

Si vous trouvez que cette tâche de parent-médiateur semble compliquée et ardue, sachez qu'il existe des programmes de « pairs-médiateurs » dans les écoles primaires, basé sur les mêmes étapes de médiation. De nombreuses études ont démontré les effets positifs de ces programmes, notamment, la diminution du taux de conflits dans la cour d'école (Roush & Hall, 1993), des résolutions de conflits plus positives (Johnson, Johnson, Cotten, Harris, & Louison, 1995), une plus grande satisfaction des adversaires par rapport aux solutions trouvées, ainsi qu'un plus grand respect de la solution dans son application concrète (Crary, 1992; Long, Fabricius, Musheno, & Palumbo, 1998). Si des enfants du primaire parviennent à devenir de bons médiateurs et qu'ils arrivent à de si bons résultats, vous pouvez sûrement devenir un très bon parent-médiateur… c'est un jeu d'enfant!

Bien que ces techniques de médiation existent depuis des décennies, ce n'est qu'en 2004 que deux chercheurs de l'Université Waterloo en Ontario, Siddiqui et Ross, ont testé leur efficacité dans la gestion des conflits fraternels. Les résultats de leur étude ont démontré que lorsque les parents utilisaient les techniques de médiation, ils discutaient plus d'émotions, d'intérêts et de négociation avec leurs enfants. Les parents donnaient également plus d'informations à leurs enfants, les guidaient plus et prenaient le temps de les amener à raisonner. Du côté des enfants, la médiation les amenait à parler des émotions et du processus de négociation, ils arrivaient à donner plus d'information sur la nature de leur dispute et arrivaient à mieux raisonner sur le conflit. Les parents qui utilisaient la médiation laissaient plus souvent les enfants arriver à leurs propres résolutions et ces derniers comprenaient mieux les buts et les attentes de leur frère ou de leur sœur.

Assez parlé d'études, de recherches et de documentation scientifique! Passons maintenant à la description concrète de ce que vous devriez faire en tant que parent-médiateur lors de conflits entre vos enfants!

Comment faire de la médiation… concrètement!

Reprenons ici les quatre étapes de la médiation en décrivant plus concrètement votre rôle à chacune de ces étapes.

ÉTAPE 1 : Établir les règles de base

Choisissez un moment calme, lorsque les enfants ne sont pas en conflit, pour discuter de votre nouveau rôle de médiateur et du processus plus général de la médiation. À titre d'exemple, vous pouvez leur dire que vous interviendrez dans leurs conflits pour leur rappeler les étapes de la résolution de problèmes et pour les guider, mais surtout pas pour trouver des solutions à leur place! Vous pouvez les rassurer en leur disant que vous ne défendrez pas l'un des deux au détriment de l'autre, et que vous n'êtes pas là pour accuser ou pour trouver un coupable.

Établissez une liste de règles de base afin de favoriser un respect mutuel et d'améliorer la communication. Voici l'espace pour le faire :

Règles de la médiation

Ex. : On ne se crie pas des noms.

Ex. : On parle un à la fois, sans interrompre l'autre.

Ex. : On cherche des solutions… pas un coupable.

Ex. : Si je sens que je ne suis pas assez calme pour discuter respectueusement, je peux demander une pause en suggérant à quel moment je serai prêt à faire la médiation.

Enfin, assurez-vous que vos enfants comprennent bien ces règles de base et qu'ils s'engagent à les respecter. Vous pouvez même leur faire signer la liste comme s'il s'agissait d'un contrat. Ainsi, ils s'approprieront les règles et auront un plus grand sentiment d'engagement. Si, lors d'une éventuelle médiation, l'un des enfants enfreint une des règles, vous pourrez lui rappeler qu'il avait consenti à respecter cette entente.

ÉTAPE 2 : Définir le sujet central du conflit et clarifier les opinions et les attentes de chacun
Lorsqu'un conflit éclate entre les enfants, votre première intervention consiste à demander à chacun, un à la fois, d'exprimer son opinion ou son point de vue sur le conflit. Demandez à chaque enfant de clarifier son point de vue en lui posant des questions, et ce, tant que la source du conflit n'est pas clairement établie.

Lorsque les enfants éprouvent de la difficulté à exprimer clairement leur point de vue (ils n'ont pas toujours un vocabulaire aussi élaboré qu'un adulte), vous pouvez reformuler dans vos propres mots ce que vous comprenez du point de vue de l'enfant, en disant « Si je comprend bien, tu crois que… ».

Une fois que le point de vue de chacun est clair, résumez ces points de vue, en soulignant les points d'entente entre les deux (tels que leurs motivations ou les intérêts qu'ils ont en commun). Par exemple, si les enfants se disputent sur l'utilisation de la console de jeux vidéo, il est fort probable que tous les deux souhaitent avoir des temps de jeu durant lesquels ils ne seront pas dérangés par l'autre. La gestion de ces temps est difficile pour le moment, mais tous les deux vivent le même problème et ont les mêmes attentes, ce qui est un bon point de départ pour la recherche de solutions. Ensuite, faites la liste des points de mésentente qui devront faire l'objet d'une résolution.

ÉTAPE 3 : Faciliter la compréhension mutuelle et favoriser l'empathie

Posez des questions ouvertes à chaque enfant (à tour de rôle) sur les points de mésentente. Des questions ouvertes sont des questions qui ne se répondent ni par oui ni par non. À titre d'exemple, elles peuvent commencer par « Peux-tu me décrire comment tu te sens lorsque… ». Amenez ainsi chaque enfant à exprimer ses buts, ses émotions et ses motivations dans le conflit. Encouragez-les à formuler leurs attentes en commençant leurs phrases par « J'aimerais que… » ou « Je souhaiterais que… ».

Ensuite, favorisez l'empathie entre les « protagonistes » en demandant à chaque enfant de répéter dans ses mots le point de vue de son adversaire. Vous pouvez aussi demander à chaque enfant de s'imaginer à la place de l'autre enfant et d'essayer de voir ce qu'il aurait ressenti à sa place. Le but n'est pas de les faire se sentir coupables… ils doivent comprendre que tenter de comprendre le point de vue de l'autre est une étape essentielle de la résolution de conflits, et ce, même chez les adultes !

ÉTAPE 4 : La résolution… Atteindre un niveau d'entente

Enfin, la dernière étape consiste essentiellement à trouver des solutions au problème qui a engendré le conflit. N'oubliez pas qu'en médiation, les solutions doivent venir des adversaires (qui, à ce point du processus, ne le sont presque plus !), et non du médiateur. Cependant, vous pouvez suggérer des pistes de solutions, à condition que le choix final d'une solution revienne aux enfants.

Afin qu'ils s'impliquent activement dans la recherche de solution, expliquez-leur en quoi consiste une séance de *brainstorming*, un remue-méninges en bon français… mais les enfants risquent de vous trouver pas mal plus drôle si vous leur parlez d'une tempête de cerveaux ! Ils doivent comprendre qu'à cette étape, ils doivent suggérer toutes les solutions qui leur viennent en tête… même les plus folles !

Avec votre aide, les enfants évaluent par la suite les avantages et les inconvénients de chaque solution proposée et tentent d'en prévoir les conséquences possibles ou les obstacles qui pourraient rendre la solution moins efficace. Lorsque les enfants s'entendent sur le choix d'une solution, assurez-vous que chacun y trouve ses propres avantages et que chacun se sent satisfait de la résolution. Enfin, assurez-vous que la solution sera bel et bien mise en pratique en demandant aux enfants de planifier où, quand et comment ils utiliseront la solution.

Laisser les enfants prendre de l'autonomie dans la résolution de conflit

Après de nombreuses médiations réussies, vos enfants finiront sûrement par connaître par cœur les différentes étapes d'une résolution de conflits. Avec le temps, ils développeront tellement d'habiletés de communication qu'ils pourront presque devenir les médiateurs de vos conflits d'adultes, même si ce n'est pas le but de l'exercice! Les adultes ne doivent d'ailleurs pas impliquer leurs enfants dans leurs conflits…

Il sera alors important de reconnaître l'autonomie grandissante de vos enfants dans la résolution de leurs conflits et de leur laisser plus de place pour qu'ils tentent de les résoudre par eux-mêmes, tout en restant disponible pour les aider en cas d'impasse. Il pourrait alors être utile d'installer un petit aide-mémoire sur la résolution de conflit à une endroit stratégique dans la maison (ex. : sur le frigo ou dans la chambre des enfants). Vous pouvez vous baser sur le tableau présenté à la page suivante.

Résolution de conflits (à partir de 8 ans) :

Les étapes	Comment faire
1. Te préparer à la discussion en te calmant si tu es trop en colère.	• Te retirer. • Relaxer. • Respirer.
2. Exposer le problème et identifier la cause du problème.	• Ne pas accuser ou crier des noms. • Exposer la situation qui a causé l'insatisfaction (ex. : QUAND tu fais ceci ou cela). • Exprimer tes émotions en parlant au « je » (ex : Je me sens…) • Dire ton point de vue, exprimer pourquoi tu te sens comme cela (ex. : Parce que…). • Exprimer tes attentes (ex. : J'aimerais que…).
3. Écouter l'autre attentivement sans l'interrompre.	• Regarder l'autre et faire des signes que tu comprends (ex. : hocher la tête)… tu peux comprendre le point de vue de l'autre sans être d'accord! • Répéter dans tes propres mots ce que tu comprends dans le point de vue de l'autre (ex. : Si je comprends bien, tu crois que…). • Poser des questions si tu ne comprends pas toutes les explications de l'autre.
4. Trouver les points sur lesquels toi et l'autre vous entendez.	• Trouver les choses que vous désirez tous les deux, les points et les points pour lesquels vous devez arriver à une solution. sur lesquels vous vous entendez déjà. • Trouver les points qui sont à la source de votre désaccord.
5. Générer des solutions.	• Initier un « remue-méninges » afin de trouver avec l'autre le plus de solutions possible, même les plus folles! • Évaluer avec l'autre les avantages et les inconvénients de chaque solution trouvée. • Planifier quels pourraient être les obstacles au succès des meilleures solutions et trouver des façons d'éliminer ou de contourner ces obstacles.
6. Choisir une solution et faire un plan.	• Ensemble choisir une solution qui conviendra aux deux et planifier comment vous la mettrez en pratique (où, quand et comment).

Communiquer, ce n'est pas seulement essentiel en cas de conflit...

Vous venez d'apprendre plusieurs stratégies de saine communication afin d'aider vos enfants à mieux gérer leurs conflits,. Mais loin de moi l'idée de laisser croire que la communication n'est essentielle qu'en cas de conflit! En fait, l'idéal, c'est de bien communiquer en tout temps... même avant qu'un conflit n'éclate. Pourquoi attendre d'être enragé ou qu'une situation devienne complètement hors de contrôle pour s'exprimer? Pourquoi n'exprimer que nos frustrations et nos désaccords lorsqu'il est si facile de souligner ce que l'on apprécie chez une personne?

Afin d'améliorer leur niveau de communication familiale, je suggère souvent aux familles de tous genres (particulièrement aux familles nombreuses ou reconstituées) d'instaurer le « conseil de famille ». Il s'agit d'installer une feuille portant le titre « Ordre du jour » sur le frigo ou à tout autre endroit passant de la maison.

Durant la semaine, chaque membre de la famille peut inscrire les points positifs et négatifs dont il aimerait discuter lors d'un souper hebdomadaire consacré à la communication familiale et où tous les membres de la famille doivent être présents. Ainsi, l'aîné peut inscrire : « Discuter de mon privilège de temps d'ordinateur qui est trop court », maman peut inscrire : « Je ne suis pas la seule à pouvoir changer le rouleau de papier de toilette, et papa peut inscrire : « J'apprécie qu'on vide les déchets accumulés dans ma voiture lorsqu'on l'utilise »... Vous comprenez l'idée?

De cette façon, la famille s'assure de prendre le temps régulièrement de communiquer de façon efficace et chaque membre de la famille dispose d'un temps suffisant jusqu'au fameux souper pour préparer un message affirmatif et respectueux, tout en réfléchissant à des suggestions de solutions constructives. De plus, durant le souper, si quelqu'un n'est pas concerné par un point de discussion, il peut agir en tant que médiateur. Le conseil de famille peut donc permettre d'éviter plusieurs conflits, et d'éviter que les conflits existants ne dégénèrent.

Conclusion

Voilà! Vous connaissez maintenant l'essentiel de ce que tout parent devrait savoir sur les relations fraternelles, la rivalité, la prévention et la gestion des conflits. Ce livre vous a donc donné une base d'informations pratiques pour tenter d'atteindre une certaine harmonie familiale.

Même si vous vous sentez maintenant mieux outillé pour comprendre les pour et les contre du statut d'enfant unique de votre rejeton ou par rapport aux relations entre vos enfants, ne devenez pas trop perfectionniste… Les conflits font partie de la vie et permettent à l'enfant d'apprendre à prendre sa place, tout en développant une meilleure connaissance de soi et de l'autre. Ils sont donc même souhaitables, à condition d'être pris en charge de façon constructive. De plus, comme dans le cas de tous les livres traitant de psychologie, vous devez faire interagir l'information que vous venez d'acquérir avec votre connaissance de vos enfants et votre bon jugement.

En tant que professionnelle, je connais bien les théories sur les relations fraternelles et les différentes techniques de communication, de gestion de la colère et des conflits, mais toutes les familles sont différentes et VOUS êtes l'expert de la vôtre. Vous devez donc tenter d'adapter vos nouvelles connaissances à votre réalité familiale.

Vous avez probablement remarqué qu'il n'a pas été vraiment question du sujet spécifique des familles reconstituées dans ce livre… cela ne signifie pas pour autant que ces familles ne vivent aucun conflit! Cependant, les techniques de communication et de gestion de conflits s'appliquent à de nombreuses situations, que ce soit en milieu de travail, dans les couples, les familles nucléaires, les familles reconstituées et même dans les garderies, où l'une des tâches principales des éducatrices est la résolution de conflits! Parents vivant dans un contexte de famille reconstituée, rassurez-vous! Ce sujet bien précis fera probablement l'objet d'un futur volume de cette collection. En attendant, vous avez tout de même de nouveaux outils pour améliorer les relations au sein de votre famille.

Parents ayant un enfant unique, vous savez maintenant que votre petit n'est pas en danger de devenir un monstre d'égocentrisme! Vous savez maintenant que sa condition d'enfant unique comporte de nombreux avantages et vous avez appris plusieurs façons de l'aider à relever les défis que comporte cette situation. Surtout, n'oubliez pas de favoriser le développement de saines amitiés en permettant à votre enfant de voir régulièrement ses copains… et il s'en sortira très bien!

Si vous avez plus d'un enfant, vous avez probablement été témoin déjà de nombreux conflits et même de certaines agressions entre vos enfants dont vous ne devez surtout pas vous sentir coupable. Ils sont normaux. Vous savez maintenant quel est votre rôle de parent dans ces conflits et vous devez vous concentrer sur ce rôle plutôt que de vous blâmer pour vos erreurs du passé.

Maintenant, concentrez-vous sur votre rôle de médiateur et rassurez-vous… Malgré leur conflit durant l'enfance et l'adolescence, la plupart des frères et soeurs finissent par se réconcilier à l'âge adulte et à s'offrir un soutien mutuel à travers les épreuves de la vie… Sinon, comme les enfants uniques, vos enfants auront sûrement développé des amitiés leur offrant ce soutien!

Quelques ressources utiles…

Hôpitaux et CLSC

Les CLSC représentent LA ressource locale par excellence pour obtenir de l'aide. On peut y évaluer votre situation familiale et ensuite vous orienter vers les services appropriés accessibles dans votre communauté. En cas de situation de crise, vous pouvez également consulter le centre hospitalier de votre région où des équipes multidisciplinaires peuvent prendre les problèmes plus lourds en charge, que ce soit en département psychiatrique ou encore en consultation clinique externe.

Ligne téléphonique et informations pour parents

Dans les moments difficiles, il peut être utile de pouvoir parler à quelqu'un d'objectif, qui a du recul par rapport à notre situation. Obtenir de l'information sur la santé des enfants est tout aussi efficace, car parfois, les problèmes de santé physique peuvent affecter les émotions des enfants.

- Ligne Parents (en tout temps) : 1 800 361-5085; 514 288-5555
- La Parenterie 514 385-6786
- Centre d'information sur la santé de l'enfant de l'Hôpital Sainte-Justine
  - 514 345-4678
  - www.hsj.qc.ca/CISE/

Ligne téléphonique pour les enfants et les adolescents

Les enfants aussi peuvent avoir parfois besoin de parler à quelqu'un d'objectif… cette ressource est excellente!

- Tel-jeunes (en tout temps) : 1 800 263-2266; 514 288-2266

Centre de référence du Grand Montréal

Pour les gens de la région de Montréal et les environs, cette ressource permet de trouver TOUTES les ressources… ou presque! C'est un numéro précieux à conserver.

- 514 527-1375

ORDRE DES PSYCHOLOGUES DU QUÉBEC

Pour ceux qui souhaitent consulter un psychologue en pratique privée, l'Ordre des psychologues du Québec offre un service de référence vous permettant de trouver un psychologue en fonction de son domaine d'expertise et de la région où il pratique. Le site Internet est également très intéressant et vous informe sur les différentes approches en psychologie.

- Le service de référence téléphonique est ouvert du lundi au vendredi, de 8 h 30 à 16 h 30.
  - 514 738-1223
  - 1 800 561-1223
  - www.ordrepsy.qc.ca

CLINIQUES UNIVERSITAIRES DE SERVICES PSYCHOLOGIQUES

Peu de gens connaissent cette forme de service. Les cliniques universitaires de services psychologiques peuvent vous venir en aide car elles offrent des services d'évaluation psychologique et de thérapie à prix modique. Les services sont offerts par des étudiants au doctorat en psychologie qui sont en stage. Ils sont supervisés étroitement par des psychologues d'expérience. Les étudiants font souvent preuve d'un grand professionnalisme et feront beaucoup d'efforts pour vous aider, d'une part parce qu'ils sont évalués à la fin de leur stage, et d'autre part parce qu'ils sont jeunes et ils ont le feu sacré de la profession… ils ont hâte de mettre en pratique ce qu'ils apprennent depuis plusieurs années sur les bancs d'école!

Centre de services psychologiques de l'Université du Québec à Montréal :
- 514 987-0253
- http://www.psycho.uqam.ca/D_CSP/CSP.html_

Clinique universitaire de psychologie de l'Université de Montréal :
- 514 343-7725
- http://www.psy.umontreal.ca/dept/service.html_

Service d'orientation et de consultation psychologique de l'Université de Montréal :
- 514 343-6853
- www.socp.umontreal.ca_

Service de consultation de l'École de Psychologie de l'Université Laval :
- 418 656-5460
- http://www.psy.ulaval.ca/SCEP.html_

Clinique universitaire de psychologie de l'Université du Québec à Chicoutimi :
- 418 545-5024
- http://www.uqac.ca/administration_services/cup/index.php_

Centre universitaire de services psychologiques de l'Université du Québec à Trois-Rivières :
- 819 376-5088
- https://oraprdnt.uqtr.uquebec.ca/pls/public/gscw031?owa_no_site=134&owa_no_fiche=1&owa_a percu=N&owa_bottin=&owa_no_fiche_dev_ajout=-1&owa_no_fiche_dev_suppr=-1_

Centre d'intervention psychologique de l'Université de Sherbrooke (pour 18 ans et plus seulement) :
- 819 821-8000 (poste 3191)
- http://www.usherbrooke.ca/psychologie/cipus/cipus.html_

Centre de services psychologiques de l'Université d'Ottawa :
- 613 562-5289
- http://www.socialsciences.uottawa.ca/psy/fra/csp.asp

Lectures pour enfants sur l'arrivée d'un petit frère ou d'une petite sœur

BURN, E., I. CÔTÉ & R. GENDRON (1999). *Antoine devient grand frère*, Éditions du Soleil de minuit. (Pour les 3 ans et +)

COURTIN, T. (1998). *T'choupi a une petite sœur*, Éditions Nathan. (Pour les 2 à 7 ans)

COURTIN, T. (2003). *T'choupi s'occupe bien de sa petite sœur*, Éditions Nathan. (Pour les 0 à 2 ans)

GILES, A. & V. CABBAN (2007). *Il y a une maison dans ma maman*, Éditions Gautier-Languereau.

LAUER, D. (2001). *Juliette a un petit frère*, Éditions Lito. (Pour les 2 à 7 ans)

Lectures pour enfants sur les relations fraternelles (références trouvées sur le site du Centre d'Information sur la Santé de l'Enfant de l'Hôpital Sainte-Justine)

ALMÉRAS, A. (2002). *Guillaume restera*, Éditions Nathan. (Pour les 7 ans et +)

BARBARA, D. (2002). *Une journée sans ma sœur*, Éditions du Sorbier. (Pour les 3 ans et +)

DEMERS, D. (1997). *Marie la chipie*, Québec-Amérique Jeunesse. (Pour les 8 ans et +)

GUAY, M.-L. (2003). *Bonjour, Sacha*, Dominique et Compagnie. (Pour les 3 ans et +)

HÉBERT, M.-F. (2001). *Un monstre dans les céréales*, La courte échelle. (Pour les 7 ans et +)

JOHNSON, M. (2002). *Caillou s'occupe de sa petite sœur*, Chouette. (Pour les 3 ans et +)

LIPNIACKA, E. (2003). *C'est à moi!*, Gründ, 2003. (Pour les 3 ans et +)

METS, A. (1999). *Le bisou magique*, L'école des loisirs. (Pour les 4 ans et +)

RICHARD, A. & F. REY (1999). *Frères et sœurs pour la vie?*, De la Martinière Jeunesse. (Pour les 11 ans et +)

SAINT-MARS, D. (1993) *Lili se dispute avec son frère*, Calligram. (Pourl les 6 ans et +)

SANSCHAGRIN, J. (2000). *Caillou : la dispute*, Chouette. (Pour les 2 ans et +)

SCHUBIGER, J. (1999). *Maman, papa, moi et elle*, La Joie de lire. (Pour les 10 ans et +)

SIMARD, D. (2002). *J'ai vendu ma sœur*, Soulières. (Pour les 6 ans et +)

Lectures pour enfants sur le statut d'enfant unique (références trouvées sur le site du Centre d'Information sur la Santé de l'Enfant de l'Hôpital Sainte-Justine)

AUFFRET-PERICONE, M. & E. RIGON (2006). *Comment survivre quand on est enfant unique*, Albin Michel. (Pour les 10 ans et +)

HOESTLANDT, J. (2003). *Mon meilleur ami*, Casterman. (Pour les 8 ans et +)

TESSIER, O. (2004). *Malik est fils unique*, L'École des loisirs. (Pour les 2 ans et +)

:: Références

ABBEY, C. & R. DALLOS (2004). The Experience of the Impact of Divorce on Sibling Relationships: A Qualitative Study. *Clinical Psychology and Psychiatry*, 9 (2), 241-259.

BERNDT, T. J. & T. N. BULLEIT (1985). Effects of Sibling Relationships on Preschoolers' Behaviour at Home and at School. *Developmental Psychology*, 21, 761-767.

BREISMEISTER, J. M. & C. E. SCHAEFER (2007). Introduction. In J. M. Breismeister & C. E. Schaefer (Eds.), *Handbook of Parent Training: Helping Parents Prevent and Solve Problem Behaviors* (pp. xv-xxvii). Hoboken, NJ: John Wiley & Sons, Inc.

BRODY, G. H., & Z. STONEMAN (1987). Sibling Conflict: Contributions of the Siblings Themselves, The Parent-Sibling Relationship, and The Broader Family System. *Journal of Children and Contemporary Society*, 19, 39-53.

BRODY, G. H., Z. STONEMAN & M.BURKE (1987). Child Temperaments, Maternal Differential Behaviour, and Sibling Relationships. *Developmental Psychology*, 23, 354-362.

BRYANT, B. K., & S. B. CROCKENBERG (1980). Correlates and Dimensions of Prosocial Behavior: A Study of Female Siblings With their Mothers. *Child Development*, 51, 529 -544.

BULLOCK, B. M., L. BANK & B. BURRASTON (2002). Adult Sibling Expressed Emotion and Fellow Sibling Deviance : A New Piece of the Family Process Puzzle. *Journal of Family Psychology*, 16, 307-317.

CONGER, K. & R. D. CONGER (1994). Differential Parenting and Change in Sibling Differences in Delinquency. *Journal of Family Psychology*, 8, 287-302.

CORTER, C., D. PEPLER & R. ABRAMOVITCH (1982). The Effect of Situation and Sibling Status on Sibling Interaction. *Canadian Journal of Behavioural Sciences*, 14, 380-392.

CRARY, D. R. (1992). Community Benefits from Mediation: A Test of the "Peace Virus" Hypothesis. *Mediation Quarterely*, 9, 241-252.

DADDS, M. R. & M. B. POWELL (1991). The Relationship of Interparental Conflict and Global Marital Adjustment to Aggression, Anxiety, and Immaturity in Aggressive and Nonclinic Children. *Journal of Abnormal Child Psychology*, 19, 533-567.

DUNN, J., J. R. BROWN & M. MAGUIRE (1995). The Development of Children's Moral Sensibility: Individual Differences and Emotional Understanding. *Developmental Psychology*, 31, 649-659.

DUNN, J., J. R. BROWN, C. SLOMKOWSKI, C. TELSA & L. M. YOUNGBLADE (1991). Young Children's Understanding of Other People's Feelings and Beliefs: Individual Differences and Their Antecedents. *Child Development*, 62, 1352-1366.

DUNN, J., & MUNN, P. (1986a). Siblings and The Development of Prosocial Behaviour. *International Journal of Behavioural Development*, 9, 265-284.

Dunn, J., & MUNN, P. (1986b). Sibling Quarrels and Maternal Interventions : Individual Differences in Understanding and Aggression. *Journal of Child Psychology and Psychiatry*, 27, 583-595.

DUNN, J., C. SLOMKOWSKI, L. BEARDSALL & R. RENDE (1994). Adjustment in Middle School and Early Adolescence: Links with Earlier and Contemporary Sibling Relationships. *Journal of Child Psychology and Psychiatry and Allied Disciplines*, 35, 491-504.

EMERY, R. E. (1982). Interparental Conflict and the Children of Discord and Divorce. *Psychological Bulletin*, 92, 310-330.

FOOTE, R. C., & H. A. HOLMES-LONERGAN (2003). Sibling Conflict and Theory of Mind. *British Journal of Developmental Psychology*, 21, 45-58

FURMAN, W. (1995). Parenting Siblings. In M. H. Bornstein (Ed.), *Handbook of Parenting: Vol. 1. Children and Parenting* (pp. 143-162). Mahwah, NJ: Erlbaum.

GAYET, Daniel, cité dans UBERTI, M.-L (1999). L'enfant unique, à élever avec précaution, *Psychologies.com*, http://www.psychologies.com/article.cfm/article/643/l-enfant-unique-a-elever-avec-precaution

GARCIA, M., D. S. SHAW, E. B. WINSLOW & K. E. YAGGI (2000). Destructive Sibling Conflict and the Development of Conduct Problems in Young Boys. *Developmental Psychology*, 36, 44-53.

HARTUP, W. W., B. LAURSEN, M. I. STEWART & A. EASTENSON (1988). Conflict and the Friendship Relationships of Young Children. *Child Development*, 59, 1590-1600.

HENDRIKSON, J. M., P. S. STRAIN, A. TREMBLAY & R. F. SHORES (1982). Relationship Between Toy and Material Use and the Occurrence of Social Interactive Behaviours by Normally Developing Preschool Children. *Psychology in the Schools*, 18, 500-504.

HERRERA, C., & J. DUNN (1997). Early Experiences with Family Conflict: Implications for Arguments with a Close Friend. *Developmental Psychology*, 33, 869-881.

HOWE, N., C. RINALDI, M. JENNINGS & H. PETRAKOS (2002). "No! The Lambs can Stay Out Because they Got Cosies": Constructive and Destructive Sibling Conflict, Pretend Play, and Social Understanding. *Child Development*, 73, 1460-1473.

HOWE, N. & H. S. ROSS (1990). Socialization, Perspective-Taking, and the Sibling Relationship. *Developmental Psychology*, 26, 160-165.

JOHNSON, D. W., R. JOHNSON, B. COTTEN, D. HARRIS, & S. LOUISON (1995). Using Conflict Managers to Mediate Conflicts in an Inner-City Elementary School. *Mediation Quarterly*, 12, 379-389.

JOHNSON, D. W., R. JOHNSON, B. DUDLEY, M. WARD & D. MAGNUSON (1995). The Impact of Peer Mediation Training on The Management of School and Home Conflicts. *American Educational Research Journal*, 32, 829-844.

JOHNSTON, C. & K.BEHRENZ (1993). Childrearing Discussions in Families of Non-Problem Children and ADHD Children with Higher and Lower Levels of Aggressive-Defiant Behaviour. *Canadian Journal of School Psychology*, 9, 53-65.

JOURILES, E. N., Murphy, M. MURPHY, A. M. FARRIS, D. A. SMITH, J. E. RICHTERS & E. WALTERS (1991). Marital Adjustment, Parental Disagreements About Child-Rearing, and Boy's Behaviour: Increasing the Specificity of Marital Assessment. *Child Development*, 62, 1424-1433.

LEUNG, A. K. D. & W. L. M. ROBSON (1991). Sibling Rivalry. *Clinical Pediatrics*, 30, 314-317.

LONG, J. J., W. V. FABRICIUS, M. MUSHENO & D. PALUMBO (1998). Exploring the Cognitive and Affective Capacities of Child Mediators in A "Successful" Inner-City Peer Program. *Mediation Quarterly*, 15, 289-300.

MASH, E. J. & C. JOHNSTON (1983). Sibling Interactions of Hyperactive and Normal Children and Their Relationship to Reports of Maternal Stress and Self-Esteem. *Journal of Clinical Child Psychology*, 12, 91-99.

MILEVSKY, A. (2005). Compensatory Patterns of Sibling Support in Emerging Adulthood : Variations in Loneliness, Self-Esteem, Depression and Life Satisfaction. *Journal of Social and Personal Relationships*, 22 (6), 743-755.

NEWMAN, J. (1994). Conflict and Friendship in Sibling Relationships: A Review. *Child Study Journal*, 24, 119-152.

PATTERSON, G. R. (1984). Siblings : Fellow Travelers in Coercive Family Processes. In R. J. Blanchard & D. C. Blanchard (Eds.), *Advances in the Study of Aggression* (Vol. 1, pp. 173-215). New York: Academic Press.

PATTERSON, G. R. (1986). The Contribution of Siblings to Training for Fighting : A Microsocial Analysis. In D. Olweus, J. Block, & M. Radke-Yarow (Eds.), *Development of Antisocial and Prosocial Behaviour* (pp. 235-261). New York : Academic Press.

PROCHASKA, J. M., & J. O. PROCHASKA (1985). Children's Views of the Causes and « Cures » of Sibling Rivalry, *Child Welfare*, 63, 427-433.

QUILITICH, H. R. & T. R. RISLEY (1973). The Effects of Play Materials on Social Play. *Journal of Applied Behavior Analysis*, 6, 573-578. RAFFAELLI, M. (1992). Sibling Conflict in Early Adolescence. Journal of Marriage and Family, 54, 652-663.

RAFFAELLI, M. (1997). Young Adolescents' Conflicts with Siblings and Friends. *Journal of Youth and Adolescence*, 26, 529-558.

REID, W. J. & T. DONAVAN (1990). Treating Sibling Violence. *Family Therapy*, 17, 49-59.

ROUSH, G. & E. HALL (1993). Teaching Peaceful Conflict Resolution. *Mediation Quarterly*, 11, 185-191.

SAUVÉ, R. (2004). People Patterns Consulting, *Profil des familles canadiennes III*, Institut Vanier. http://www.vifamily.ca/library/publications/profiling3d_fr.html

SHANTZ, C. U. & C. J. HOBART (1989). Social Conflict and Development : Peers and Siblings. In T. J. Bernt & G. W. Ladd (Eds.), *Peer Relationships in Child Development* (pp. 71-94). New York. Wiley.

SIDDIQUI, A. A. & H. S. ROSS (1999). How Do Sibling Conflicts End? *Early Education and Development*, 10, 315-332.

SIDDIQUI, A. A. & H. S. ROSS (2004). Mediation as a Method of Parent Intervention in Children's Disputes. *Journal of Family Psychology*, 18, 147-159.

SLOANE, H. N. (1988). *The Good Kid Book : How to Solve the 16 Most Common Behaviour Problems*. Champaign, IL: Research Press.

SMITH, T. E. (1993). Growth in Academic Achievement and Teaching Younger Siblings. *Social Psychology Quarterly*, 56, 77-85.

STATISTIQUE CANADA, Recensements du Canada,, 28 février 2003. http://www.stat.gouv.qc.ca/donstat/societe/famls_mengs_niv_vie/menage_famille/men_fam_enf/familles/tableau_15.htm

STOCKER, C. M., R. A. BURWELL & M. L. BRIGGS (2002). Sibling Conflict in Middle Childhood Predicts Children's Adjustment in Early Adolescence. *Journal of Family Psychology*, 16, 50-57.

STOCKER, C., J. DUNN, & R. PLOMIN (1989). Sibling Relationships: Links with Child Temparement, Maternal Behavior, and Family Structure. *Child Development*, 60, 715-727

STONEMAN, Z., M. L. CANTRELL & K. HOOVER-DEMPSEY (1983). The Association Between Play Materials and Social Behaviour in a Mainstreamed Preschool: A Naturalistic Investigation. *Journal of Applied Developmental Psychology*, 4, 163-174.

STRAUS, M. A., R. J. GELLES, & S.STEINMETZ (1980). *Behind Closed Doors: Violence in the American Family*. Garden City, NY: Anchor Press/Doubleday.

WALDINGER, R. J., G. E. VAILLANT, & E. J. ORAV (2007). Childhood Sibling Relationships as a Predictor of Major Depression in Adulthood: A 30-Year Prospective Study. *American Journal of Psychiatry*, 164 (12), 1780-1783.

WOLKE, D., & M. M. SAMARA (2004). Bullied by Siblings: Associations with Peer Victimization and Behaviour Problems in Israeli Lower Secondary School Children. *Journal of Child Psychology and Psychiatry*, 45, 1015-1029.

Catalogage avant publication de Bibliothèque et Archives nationales du Québec et Bibliothèque et Archives Canada

GAGNIER, NADIA, 1973 - C'est pas moi, c'est lui! : les relations fraternelles et les défis particuliers aux enfants uniques

(Vive la vie-- en famille; v. 5)
Comprend des réf. bibliogr. et un index.

ISBN 978-2-923194-70-7

1. Frères et sœurs. 2. Rivalité fraternelle. 3. Gestion des conflits. 4. Gestion des conflits chez l'enfant. 5. Enfants uniques. I. Titre. II. Collection: Gagnier, Nadia, 1973- . Vive la vie-- en famille; v. 5.

BF723.S43G33 2008   155.44'3   C2008-940765-2

Les Éditions La Presse

Auteure
*Nadia Gagnier, Ph.D.,
psychologue*

Illustrations
Nancy Bélanger

Conception graphique
Ose Design

Infographie
Ose Design

Président
André Provencher

Editrice déléguée
Martine Pelletier

*Dépôt légal – Bibliothèque et
Archives nationales du
Québec, 2008*

*Dépôt légal – Bibliothèque et
Archives Canada, 2008
2ᵉ trimestre 2008*

*ISBN 978-2-923194-70-7
Imprimé et relié au Québec*

Les Éditions

LA PRESSE

*Les Éditions La Presse
7, rue Saint-Jacques
Montréal (Québec)
H2Y 1K9*

514 285-4428

Nous reconnaissons l'aide financière du gouvernement du Canada par l'entremise du Programme d'aide au développement de l'industrie de l'édition (PADIÉ) pour nos activités d'édition.

Les Éditions La Presse remercie le gouvernement du Québec de l'aide financière accordée à l'édition de cet ouvrage par l'entremise du Programme de crédit d'impôt pour l'édition de livres, administré par la SODEC.

Les Éditions La Presse remercie la Société de développement des entreprises culturelles (SODEC) pour son aide financière dans le cadre de ses activités d'édition.

Vive la vie... EN FAMILLE

Dans la même collection